臨死介助および承諾についての
比較法的考察

只木　誠 著

日本比較法研究所
研究叢書
135

中央大学出版部

MEINER FRAU
in dankbarer Erinnerung an
vierzigjährige Mitarbeit

装幀　道吉　剛

は し が き

　先に『刑事法学における現代的課題』と題した叢書を中央大学出版部より上梓してから，はや，ひと回り以上を超す年月が流れた。まさしく，「光陰矢のごとし」である。いわゆるバブル景気崩壊後の「失われた」時間が 10 年から 20 年，そして 30 年と続くその間に，わが国は，政治の場面においてのみならず，社会，経済，文化等々あらゆる面において変容，変化の波を経験しつつ今日に至ってきているが，そのようななか，まさしく新たな様相を呈することとなったと 1 つに，「死を迎える」ということへの人々の感覚，捉え方，向き合い方といったものが挙げられるのではないかと思われる。医療技術が進み，高い効果の医薬品が開発されて，病や老いによって死に近づいていく苦痛は人から遠ざけられたかに見えたが，しかし，それに入れ替わるように，「自然に死ねない」「生が無為に引き延ばされる」というこれまで人が経験することのなかった苦しみが現れ来るに至ったのであり，それは，人々が抱く死後の世界へのおそれをも凌ごうとしているかのようである。

　先述の著書に掲げた論稿のそれぞれは，その書名が示す通り，刑事法の分野において当時先端的議論にあったいくつかのテーマについて著したものであったが，そのなか，生命倫理と法の分野にかかっては遺伝子テストや着床前診断の問題を取り上げていたところ，今回，新たに上梓を計画した本書は，上記のようなわが国の「死を迎えること」を取り巻く状況の変化を分析，検討すべくこの 10 年ほどの間に筆者が著した論文のなかから，同方面に関して発表したいくつかの論稿を，あらためて一冊にまとめたものである。発表からやや時間が経っているため，いまや資料的な価値にとどまるかと思われるものもあり，それらについては，本来であれば，注を含めて新たな内容に仕上げるべきであろうところ，残念ながらその時間に限りがあること，著者の基本的な考えは変

わらないこと，そしてまた，その時点の日本と，とりわけドイツとの理論状況の比較を示すことに意味はあると考え，最小限度の加筆・訂正をしたほかは初出のままの形で掲載することとした。読者のご海容を乞いたい。

さて，前書のはしがきに寄せた文言を再度引くならば，次のようにいうことができるのではなかろうか。すなわち，社会の現状を考える分析枠組みの1つに「グローバル化」がいわれて久しく，普遍的な価値への希求を共通認識として，他国の文化の承認と相互の受容のもと，法もまた変化への対応が求められて来ているところ，ドメスティックな領域であるところの刑事法においても比較法的研究の役割は一層大きくなっている。わが国の刑事法の分野において制定された各法律やその解釈は，長きにわたってドイツの立法，解釈論，方法論に多くを負ってきており，それは，明治以降のわが国の刑法が大陸法系に属することによるものであるが，人間存在への思索を柱とする法哲学に依って立つ彼の地の議論には，今日でもなお，学ぶべきところが多いのである，と。そして，この度の叢書は，そのような観点のもと，生命倫理と法の問題のなかでも，特に，「死を迎えること」というテーマにかかって，近時，日本において，またドイツにおいても深い議論が展開されてきた「患者の承諾」と「自殺援助（幇助）」について検討した論稿をまとめたものである。

「患者の承諾」と「自殺援助（幇助）」というテーマについては，具体的には，次のようなことが問題になるであろう。すなわち，まず，前者の「患者の承諾」については，患者が自身に対する医的侵襲について選択，決定を行うこと，すなわち「自己決定」とその権利（「自己決定権」）の行使の結果として尊重されなければならないが，その実相は年齢や精神疾患の有無等，患者本人の個別の事情にかかって大きく異なり，また，その有効性は，強制や誘導等によらない自由な意思のもとになされたものであることを前提条件としてその適合の如何によっており，現場では常に慎重を期する判断が求められている。

一方，後者の「自殺援助（幇助）」の問題については，わが国では刑法202条によって嘱託・承諾殺人のほか自殺関与も処罰の対象となるが，刑法解釈論上，共犯行為の可罰性は正犯行為への従属性を要件としているドイツおよびス

イスでは，自殺は正犯たる可罰的行為には当たらないとされ，したがって，自己決定による「死ぬ権利」の行使たる自殺への他者による援助もまた罰せられないとされているという大きな相違が存する。このような状況のもと，近時，自身の死にまつわる選択と決定というテーマはわが国においてもほぼ公然と語られるところのものとなっており，終末期医療等の現場にかかって議論されてきた臨死介助の問題の様相が大きく変わろうとしている状況である。さらに，そのように，自殺援助はこれを処罰しないとの原則を掲げていたドイツにおいては，2015年，学界からも多くの反対意見が寄せられるなか，一定の自殺援助行為についてこれを禁止，処罰する旨の法律が可決，制定され，激しい議論を呼ぶこととなった。同法に対しては，これを違憲と判じる憲法判断が2020年に下されるに至っているものの，その後も，これに近似の法案が提案されては議会で否決されるということを重ねる状況にあり，社会は揺れている。しかし，その議論のあり様を通して見えてくるのは，生命の尊重と個人の自己決定との相克，法の使命と人間の尊厳との葛藤から目をそらすことをしない精神の崇高さではあるまいか。

　本書は，筆者の，上記のような生命倫理と法の，特に人間の自律，尊厳に関わる課題についてのドイツ，わが国の議論を取り上げて比較法的になした考察のその一端をもって今後の同分野の研究の進展に資するの意図のもと編んだものである。いずれもわが国でも喫緊の課題となっているテーマであることから，タイトルは「臨死介助および承諾についての比較法的考察』とした。本書がこれからの議論に幾ばくかの貢献ができれば望外の幸せである。

　本書の出版に際しては，日本比較法研究所の援助のもと，同研究所の林和彦さんはじめ皆さんの多大なご協力をいただいた。また，中央大学出版部の中村英之さんにも校正作業で大変お世話になった。この場をお借りして心より御礼申し上げる次第である。

iv

［付記］　本書は、学術振興会科学研究費助成（課題番号：20K01356）ならびに中央大学特定課題研究費の助成（2024 年 4 月〜 2026 年 3 月）を受けた成果の一部である。

2025 年 1 月

著　者

臨死介助および承諾についての比較法的考察

目　　次

はしがき

第1章

刑法における自律
　　── Gunner Duttge「刑法における自律の限界づけに
　　よる自律の保護」の論稿の検討を通じて── *1*
　　Ⅰ　は じ め に　*1*
　　Ⅱ　Duttge 論稿の紹介　*2*
　　Ⅲ　若干の考察　*24*

第2章

臨死介助・治療中止・自殺幇助と「自己決定」をめぐる
　　近時の理論状況 *35*
　　Ⅰ　は じ め に　*35*
　　Ⅱ　わが国の判例・学説　*37*
　　Ⅲ　ドイツの理論状況　*41*
　　Ⅳ　お わ り に　*55*

第3章

臨死介助協会と自殺援助処罰法
　　──ドイツおよびスイスの現状── *61*
　　Ⅰ　は じ め に　*61*
　　Ⅱ　臨死介助と自殺幇助　*62*
　　Ⅲ　臨死介助協会　*65*
　　Ⅳ　自殺援助処罰法　*70*
　　Ⅴ　結びに代えて　*78*

目　次　vii

第4章
終末期医療における患者の承諾と自律 ……………………………………… 85

  Ⅰ　は じ め に　*85*

  Ⅱ　終末期医療における臨死介助・治療中止・自殺幇助の現況　*86*

  Ⅲ　治療中止・自殺幇助と患者の自己決定　*89*

  Ⅳ　臨死介助，治療中止，自殺幇助の不処罰の根拠　*91*

  Ⅴ　臨死介助協会の現状と「業としての自殺援助処罰法」　*97*

  Ⅵ　結びに代えて　*101*

第5章
医療における患者の自律と承諾能力 ……………………………………… 109

  Ⅰ　は じ め に　*109*

  Ⅱ　医療行為の性質　*110*

  Ⅲ　自律と自己決定　*111*

  Ⅳ　承諾無能力者と自律　*114*

  Ⅴ　承諾能力の基準　*116*

  Ⅵ　個 別 事 例　*121*

  Ⅶ　自律と配慮　*125*

  Ⅷ　お わ り に　*127*

第6章
医療行為に関する，とりわけ高齢患者の承諾能力 ……………… 131

  Ⅰ　は じ め に　*131*

  Ⅱ　わが国における議論　*132*

  Ⅲ　ドイツにおける議論　*139*

  Ⅳ　お わ り に　*152*

viii

第 7 章

未成年者の承諾 ……………………………………………………………… *157*

 I はじめに *157*

 II 医療行為における患者の権利 *159*

 III 未成年の患者の権利と人間の尊厳および人格権 *160*

 IV 成人の諸権利 *162*

 V 未成年の患者と承諾
  ——とりわけ刑法的問題について—— *166*

 VI 承諾能力の定式化 *169*

 VII おわりに *177*

初 出 一 覧

第 1 章
刑法における自律
—— Gunner Duttge「刑法における自律の限界づけによる
自律の保護」の論稿の検討を通じて——

I　は じ め に

　本稿はドイツ・ゲッティンゲン大学 Duttge 教授の近時の論稿「刑法における自律の限界づけによる自律の保護」を取り上げてその内容について紹介し，検討を加えるものである[1]。生命倫理と法の分野において，あるいは，さらに範囲を狭めるならば，臨死介助等における正当化という問題において，中心に存するのは個人の自己決定という概念であり[2]，そこでは，承諾の意義，要件，その限界づけといったものが問われることはいうまでもない。法の主体として，各個人が，自らの意思決定によって自己の事柄について決定すること。これが近代法の原点であり，医療と法における基本である。そしてまた，自己決定に至るプロセスとその結論というものが，いわゆる人間の尊厳に合致しているということが，いうまでもなくそのための最も重要な要請とされている。筆者は，これまで，臨死介助や安楽死・尊厳死といった生命倫理と法をめぐる問

---

1)　同論文には詳細な脚注が付されているが，本稿では，その紹介を一部に限ることにする。詳細は同論文を参照してほしい。

2)　横浜地判平成 17・3・25 判タ 1185 号 114 頁（川崎協同病院事件第 1 審判決）は，積極的臨死介助の正当化の根拠として，「患者の自己決定権」と「緊急避難の法理」を，治療中止・消極的臨死介助に関して，「患者の自己決定」と「治療義務の限界」を挙げている。最決平成 21・12・7 刑集 63 巻 11 号 1899 頁（川崎協同病院事件最高裁決定）もこれを否定するものではないであろう。

題，そして，人間の尊厳について考察し，若干の試論を著してきたところであるが，この2年ほど，Duttge 教授の考え方を集約的に著した上記論稿を題材として，継続的に意見交換を重ねてきたところである[3]。これまで，哲学的な概念の考察をもととした多くの業績を生命倫理と法の分野で著し，ドイツにおける当該研究の第一人者の一人である Duttge 教授のこの論稿は，生命倫理と法にまつわる問題全体についての哲学的な考察をまずはじめに行った後に，自律の問題，自律原則に照らした刑法の限界を論じ，その基礎のもとで，2020年の，業として行われる自殺幇助に関する憲法裁判所の判例の検討を素材として，自律と人間の尊厳を基礎においた臨死介助，とりわけ自殺幇助の在り方を検討している。本論稿は，これまでの同教授の論稿に劣らぬ難解さで我々をひるませるものの，これまでの論稿に同じく哲学的な示唆に溢れて魅力的である。なお，筆者は，Duttge 教授の承諾を得て本論稿をここに紹介するものであるが，その内容について読者の疑問を招く箇所があるとすれば，それは，ひとえに翻訳者である当方の責任である。

II　Duttge 論稿の紹介

1．法哲学的な予備的作業

「自由」を基礎として成り立っている法秩序においては，創造的な自己啓発と解放を求め，そして人生の目標に対する自己答責性を求めていく個人がその中心に存在する。したがって，近代啓蒙主義において，「それまでの絶対的な秩序が消え去った後に，自分にとっての正しいことをデザインする」のは，自らの主体としての個人なのである。個人は，自分自身で，この世界で自分の場を築き上げるのであって，後見人というような他律的な割り当てに基づいてそ

3）　そこに示された Duttge 教授の考えについては，何度か同氏に確認し，また，彼の見解を検証し考察すべく，大学院での授業や研究会でも取り上げてきたところである。その場に参加し，考察を共有してくれた大学院生や研究者の皆さんに御礼を申し上げたい。

れを達成するのではない。法の秩序機能は，原理的に平等な権限をもち，しかし潜在的にそれぞれが他者にとって脅威となりうる力と妥当性を主張する多数の個人が集合する必然性によって正当化される。政治的・法的な秩序とは，潜在的な対立に直面するときの構造的な「構成［Konfiguration］」である。ボンの法哲学者 Günther Jakobs の言葉によれば，「支配者は，自分の好みだけを最大化する存在の世界に，その集団に適した存在の世界の雛形を設定しなければならない」のである。

定義上，従属［Unterordnung］はあらゆる「秩序」に内在するが，その目的と範囲については定まっているものではない。絶対的な秩序においては，個人はこの秩序のために犠牲にされ，無視されうるだけの存在に堕する。それに対して，あらゆる法共同体の構成員の政治的な共同意思を代表する一定の民主的に正当化された秩序にあっては，その核心は，まさに，個々の構成員の「人」としての固有の価値を認め，また，それを，その秩序にあっての「一般的利益」という処分不可能な構成要素として認めることにある。この観点からすると，一般的に拘束力のある法的ルールは，Volker Gerhard のいうように，「その基本的な条件，すなわち，自己意識を有する存在へと高められた個々人の形成を，あらゆる手段によって確保しようと努めるかぎりで」，説得力をもちうることになる。近年における法の発展の歴史においては，基本権と人権を，利用不可能で不可侵な法的主体性（「人間の尊厳」）に基づいて憲法に定着させることは，個人をすべての法の「究極的な正統性の源泉であり，究極的な目的」とみなす「（法的）規範的個人主義」を見事に確立するためのモデルであった。このことを念頭に置いて，ヘレンキームゼーの憲法草案［Herrenchiemseer Entwurf eines Grundgesetzes］は，「国家は人間のためにあるのであって，人間が国家のためにあるのではない」という綱領的な規定を最上位に置いている。そして，それを具体化するものとして，自律原則は，「あらゆる人間は，自分に関する事柄について，自ら決定することができる」ことを表明しているのである。

ここで，各個人に保障された（自らの人生目標にとって重要な）自己決定のた

4

めの「規範的権威［normative Autorität］」とは，その場かぎりの恣意的な「自己決定」を意味するのではなく，自らに課したルールの枠組みを創造的に確立し，具体化し，それによって個人の「正当な根拠」によって自らの行動と決定を導くことを意味する。その結果，非常に重要な2つの帰結がもたらされる。

第1に，「自律的な」決定が尊重されるべき規範的根拠は，外的な内容の「正しさ」，「合理性」，あるいは「成功した人生」の考え方という基準にしたがって，外部の機関によって示されるものではない，ということである。カールスルーエの哲学者である Christian Seidel がすでに適切に説明しているように，自律性と道徳性とは別物である。「同僚に嘘をついたり，マフィアの一員として金を稼ぐ人は道徳的に間違ったことをしているが，彼らの自律は否定されるものではない」。さらに，個人による自律的な決定は，その「合理性」や「道徳性」とは異なり，他者が同じように行動し生きることに根拠を与えるものではない。むしろ自律の原則は，その者に自らの理性を行使するよう呼びかけるものなのである。

第2に，各個人にのみ妥当性を主張する自律原則の秩序の枠組みが個人の価値観や合理性と結びついていることは，まさに自律の主張が高い価値を有する所以である。

2．刑法における自律の保護

可能なかぎり最大の「自己管理」と自己答責的な個人の生き方を主張することには特別な価値があり，そのため，その侵害に対しては刑法も含めた法的保護を必要とする。刑法は，種々の方法でこの任務を履行している。すなわち，例えば，刑罰の威嚇は，殺人罪では，個人の生命権に対する攻撃を，暴行・傷害罪では身体的完全性に対する攻撃を，性的犯罪では強制的な性行為を抑止することを意図している，などである。「法益」としての価値の認定は，常に，そのつど類型化されて，犯罪構成要件として処罰に値する態度を刑事罰で威嚇するが，それは，直接的に，あるいは社会システムおよび制度の機能を媒介として，「個人の自由な発展と基本的権利の実現」を可能にするものである（い

わゆる「個人的法益概念」（すべての法益は究極的には個人的法益に還元できるものとして理解すべきという法益概念：訳者注））。このことは，規範ヒエラルヒーの最高位に位置する憲法的価値秩序に刑法が組み込まれていることに起因するが，その憲法的な価値秩序は，人間の尊厳の保障と個人の自律という観念を基礎として成り立っているのである。アルゼンチンの刑法学者 Edgardo Donna の言葉を借りれば，自由主義刑法の観点からすれば，刑事訴追の任を担う司法機関は，「個人的あるいは社会的な観点から，その者の意思に反してその生き方が破壊されたり，妨害された場合にのみ介入すべき」なのである。

　法益論が「法益の所有者に対する法益の独裁者」を招来することのないように，法益を侵害／危殆化する所為の不法判断は，原則的に被害者自らによる処分の留保を伴う。被害者の有効な承諾があれば，本来の法違反を法的にはなかったものとしうるのである。なぜなら，「承諾をもってなされたことは，何ら不法ではない」からである。したがって，（被害者の）承諾という原理に，――刑法体系的には，構成要件該当性が阻却されるか，違法性が阻却されるかの問題があるにせよ――刑法における自律概念を承認する「最も重要な表現」をみることができる。承諾のこのような性質は，医的侵襲の文脈でも明らかである。すなわち，「成年の」患者は，たとえ重要な適応症が存したとしても，治療の申し出を頑として拒否することができ，また逆に，「インフォームド・コンセント」（民法 630d 条，e 条参照）によって，身体の完全性を放棄することも正当化される。それゆえ，承諾原理の憲法的・法倫理的基礎としての個人の自己決定という考え方には，その裏返しとして，承諾を与える人の自己答責性が必然的に含まれているのであり，換言すれば，「個人が一度意思を表明するとその意思に拘束され，本来可能であった行為の規範違反性を主張することができなくなる」のである。このような理由から，患者の希望を「真実に即して確認する」ためには特別な注意が必要であることが明らかとなり，まさにそれゆえにこそ，実務ではこの患者の意思をめぐって，例えば患者の指示書（民法 1901a 条 1 項）の解釈や，それについての役割に応じた「権限」の問題について，激しい論争があるのである。

6

「医的侵襲」の事例は，同時に，刑法に特有の，かつ固有の原理についても気づかせてくれる。「専断的医療行為」の場合，（医学準則［lege artis］に従っていたとしても）最高裁判所の身体的傷害の原則（医的侵襲は，故意・過失を問わず，傷害罪の構成要件に該当するという BGH によって確立された法理：訳者注）は問題とはならない，ということである。なぜなら，患者の自律性を無視した医療行為は，（無許可であろうと有効な承諾が存した場合であろうと，医療行為それ自体についていえば，身体に対する影響という点では相違はないから：訳者注）身体的侵害禁止に違反するというよりも，むしろ患者を貶めることを意味するからである。換言すれば，決定的に影響を受けるのは人の生物学的な側面ではなく，人の人格権的な側面なのである。

具体的な個別事案における処罰の正当性も，また，それ以前に，一般大衆を名宛人として事前に抽象的に示された刑罰威嚇の正当性も，法益の（回避可能かつ義務違反的）侵害またはその危険に起因する，「相応する」可罰的不法との相関関係によって決せられる。したがって，刑事罰とは，概念上，過去の（有責な）規範違反に対する法社会からの反作用である。その規範違反とは，立法者の見解では，（通常）否定的に認識されうるものであり，「国民」の名の下に批判され，同時に規範のさらなる妥当性を明確にする「責任の精算[4]」（刑法 46条 1 項，第 57a 条 1 項 2 号参照）を必要とするものである。その際，刑事罰の付加と，場合によってはその執行が，犯罪者本人に向けられるものであれ，潜在的模倣者に向けられるものであれ，法の遵守を強化するという意味であれ，抑止という意味であれ，将来の合法性への期待を安定化させるという予防的効果をももたらすのであれば，そのような効果が刑罰の付随的効果として望ましいものであることは間違いないが，それは刑事罰の真の契機や目的ではない。これに対して，人的不法と刑罰との間の基本的な正当化関係を排除し，その代わりに立法者の刑罰規定を，期待される予防に全面的に集中させようとするならば，このような刑法は「刑」法ではなくなる。むしろ，それは思うがままに手

---

4)　Kaspar（仲道祐樹訳）「ドイツにおける修復的司法の理論と実務」比較法学 54巻 1 号（2020 年）221 頁以下参照。

段として利用できる一般的な「安全保障法」の一部をなすものとよぶべきものとなろう。

3．自律原則に照らした刑法の限界

　刑事罰の威嚇と付加の根拠となる法益関係的不法という要件は，究極的には，一般的かつ憲法上の比例原則を分野ごとに具体化したものにすぎない。すなわち「誰も害してはならない」という命令に対する違反の類型化を明確にすることで，その類型を通じて，「最後の手段」としての刑法の包括的な理念をより運用可能なものにすることができる。「どの程度まで処罰するのか」に関しては，とりわけ抽象的な危険犯と既遂に至る前の犯罪構成要件の正当性が問題となるのであり，「処罰すべきか否か」に関しては，主として，認識可能な社会的有害性が明確ではなく，せいぜい「不道徳」（例として，私事における，例えば，性的指向に関して逸脱した道徳的観念）や「純粋にイデオロギー的に動機づけられた目的設定」，あるいは，社会的に望ましい価値観への単なる「公言的かつ象徴的なデモンストレーション」（いわゆる「風潮犯罪」）[5]を対象とする構成要件が問題となる（よく議論される例として，「アウシュビッツの嘘」がある。刑法130条3項）。前提とされる「平和的共存への侵害」が，事実的そして経験的，日常的に把握されることなく，「高度な抽象性」（特に「公共の平和」など）を保護の対象としていてもその刑罰法規は正当化されるべきである，とする場合も同様である。ここでは，法治国家的合理性のために，立法者に対して，禁止規定の根拠となる危険予測が十分な事実に基づいて説得力を有していることと，法共同体全体に対して透明性を保持しているかを問わなければならない。このことは，第三者に対して危険が及ぶ恐れがあるという主張がなされることで自律原則が損なわれやすいことから，いっそう重要となる。というのも，自律原則は，人間の行動が社会的領域に損害を与えるか，あるいは重大な影響を及ぼ

　5）　風潮犯罪（Klimadelikte）とは，個人に対する特定の法益侵害に関わらず，むしろ社会全体における望ましくない状況や不安に関係している犯罪をいう。したがってその正当性が常に問われている。

しうる場合（基本法 2 条 1 項「法共同体のすべての構成員にとって平等な行動の自由
という基本原則」を参照）にその限界に至るからである。さらに，自律原則は，
それぞれの法主体が自律的であるために必要な能力を備えていると考えられる
かぎりにおいてのみ，規範的な妥当性を有する。行為を行うことに関して「自
律的な」決定が欠けている場合には，法的強制は一般的に正当化される。自由
意思なしに自分自身を傷つける者に対して（刑法 20 条，民法 827 条参照）もそう
であるが，それ以上に，「自分自身の道具」として被害者を利用する者（刑法
25 条 1 項第 2 文。間接正犯参照）など，自傷行為を促進するすべての者が対象と
なる。例えば欺罔や強制によって歪められた不自由な意思しかない場合には，
その者の意思が無条件に尊重されるための条件が満たされず，その代わりにケ
ア（世話［Fürsorge］）の原則（憲法レベルでは，国家の保護義務）が前面に出てく
ることになる。

　したがって，当該所為において，第三者や行為者自身に不利益をもたらすゆ
えに，規制を必要とする不法が内在するのか，それとも，「自律的」であり，
それゆえに行為者自身の問題において尊重されるべき決定がそこに内在するの
か，という 2 つのポイントに，注意を払わなければならない。後者において他
者に対する危害の可能性がなく，その結果，「侵害原理」に由来するところの
保護と適合性の課題（相反する権利について，立法者や裁判所が，合理的かつバラン
スよく調整するという課題：訳者注）が，対抗利益である自由の主張を考慮して
も，なんら生じていないのであれば，また，主観において（他者にどのように思
われようとも）合理的で正しいと思うところを熟慮しこれを実現するために必
要当事者の認識能力に合理的な疑いがないのであれば，国家による介入は違
法である。なぜなら，それは「自律的に理解する主体の存在の独立性」を無視
しているからである。「父権政府［imperium paternale］」は，法に服する成年
者に対してすら，どうすれば幸福になるかについて自己答責的な決定をするこ
とを認めず，その代わりに「国家元首の判断から回答を待つという，受動的な
状態に追いやる」。カントの古典的な言葉によれば，このことは「考えられる
最大の専制主義，すなわち（法の下の：訳者注）臣民のあらゆる自由を廃止する

体制であり，そこでは臣民は何の権利も持たない」のである。Rawls の言葉を借りれば，「パターナリスティックな介入は，我々自身の無分別から我々を——我々の判断と反省能力に従って——保護することにのみ資するものである。それは，誰かの信念や人格に対する攻撃を許容するものではない」。

パターナリズムに関する法倫理的な議論からすれば，法律（刑法であればなおさら）が以下の3つの条件を満たす場合には，常に正当性の限界に達するとされている。すなわち，

1．法律が当該市民の自由を制限する場合

2．そして，それは強制的に，すなわち，当該市民の承諾なしに，あるいは市民の意思に反してなされる場合

3．その際，立法の意図と立法の正当性は，主として，当該市民の福祉を促進または維持することにあり，特に，行為する人に深刻な危害が及ぶ蓋然性を減らすことにある場合，である（当該法律は，他者からではなくその当該個人からその個人自身を保護するものであることから，自律という観点から問題が生じるのである。というのも，自由主義的な法制度においては，自律的な行動の要件が満たされるかぎりにおいて，自己責任の原則に従って市民が行う自傷行為をも容認しなければならないからである：訳者注）。

上述の第1の条件は，禁止規範が当該個人に直接向けられるかぎり（「直接的パターナリズム」），解釈上大きな問題は生じないであろう。しかし，自由を制限する効果が間接的である場合，第1の条件は曖昧になる。この「間接的パターナリズム」は，主に，保護が必要な人に関わる第三者の行動範囲を制限するものであり，結果として，実際に保護を必要としている人に対しては，その者が目的を追求するためになんらかのもの（第三者の助け）を必要とするにあたり，それを手に入れる自由を制限する効果をもたらす（旧ドイツ刑法217条がその良い例であろう。同条は，自殺を行おうとする者の自由を直接に制限するものではなく，自殺を手助けする第三者の可罰性を示すことによって自殺を行おうとする者の自由を制限しているのである：訳者注）。いわば，ここでは，現実の名宛人の保護の出発点が「前方に移動」しているともいえる。刑法における直接的パターナリズ

ムの違法性は今日では議論の余地がないとされているが，間接的パターナリズムに対する評価はそれほど明確ではない。たしかに，両者は正当な依存関係にあるため，直接的なパターナリズムに原則的な正当性がある場合にのみ，保護とケア（配慮）を根拠とした第三者の自由の制限も正当化されうるのである。例えば，自傷行為に必要な薬物が消費者には実際上入手できないようにしておくことで，その間接的な強制効果もまた自由を制限するという帰結となりうるのである。しかし，パターナリズムの議論において広く共有されている，間接的パターナリズムは直接的パターナリズムと比較して正当化されやすいという評価は，平等な評価に反する。Dieter Birnbacher は，その理由として，間接的なパターナリスティックな介入は，通常，ケア原則によってだけでなく，他者危害の不許可という原則によっても同様に根拠づけられうるという点における，直接的パターナリズムとの構造的な相違を挙げている。すなわち，A においては，「（ケアの対象となっている）B が自傷行為や自傷の危険のある行為をすることのみを妨げるのではなく，第三者 C が他者を傷つけたり危険にさらしたりすることをも妨げる点で，間接的パターナリズムは，純粋なパターナリズムのケースではないということができる」というのである。間接的パターナリズムは，ケアの対象となっている者自身による直接的な行為には介入することなく，特定の観点においてその行動の範囲を制限する（例えば，薬物の入手を制限する：訳者注）だけなので，類型的には，より穏やかなものとみなすことができ，仮に，さらに穏やかな選択肢が利用可能でないのであれば——「最も穏やかなパターナリズムの原則」（Anne van Aaken）にしたがえば——これを正当な措置とみなすことができるのである。

4．連邦憲法裁判所判決前後の自殺援助

　自殺については，それが計画的で熟慮に基づき実行されたものであれ，衝動的な決意もしくは強迫観念によるものであれ，危機に瀕している，相反する価値の重要性に照らせば，深刻な限界状況にあることがわかる。死というものの不可逆性に鑑みると，個人と社会全体の連帯原則は強く促進されるべきことに

なるが，このことは，国内外で効果的な自殺予防策を講じようとする多大な努力をみれば明らかである。同胞や社会全体からみれば，自殺は常に「不幸」であり，それは後悔や思いやりの共感を，そして，しばしば動揺や，その人にとってももっと良い方策はなかったのか否かの疑問をも呼び起こす。しかし同時に，本質的かつ基本権による自由を認めておきながら，生き続けることを個人に強いるならば，それは，自由主義的な社会秩序における「自己」の理解とは一致しない。このことは，自殺の決意が，感情的な咄嗟の行為にとどまらず，きわめて個人的な，実存的な意味での自分自身の価値観に触れる態度から生じているときにはなおさら妥当する。したがって，絶対的な禁止体制というのは，自律原則に基づけば自己矛盾であるという非難にさらされることになる。自殺幇助の新たな規制をめぐる近時の議論が，この（生命の絶対性と自律という）2つの価値観に関連する対極の間で揺れ動いていることは想像に難くない。人の生命の完全性を優先的に考え，かつ，または「自律的な」自殺の要件を厳しくしようとする者は，自殺幇助の自由化に反対の立場を示し，例えば（旧）刑法 217 条（「業としての自殺援助の禁止」）の意味での禁止を支持するだろう。これに対して，生死の境界線にあっても自律原則が優先されるとみなし，そのかぎりで個人には基本的に決定権があると考える者は，このような観点において禁止規定を自由に対する敵対的なものとみなし，場合によっては，――最近の連邦憲法裁判所やオーストリア憲法裁判所のように――違憲とみなすだろう[6]。

　多数説のいうように，自殺が道徳的に非難されるべきもの，それどころか違法なものであるとする説得力のある理由が存在しないとするならば，3つの問題に直面することになる。第1に，どのような合理的条件のもとで自殺の決定がおよそ「自律的」であると理解されるのかということ，また，個々の事例において，どのような方法でその存在を信頼できる形で確定しうるのかということを，より詳細に明らかにしなければならない。第2に，自律を失うことなく

6）　拙稿「ドイツにおける自殺援助規制の現状」只木誠ほか編『甲斐克則先生古稀祝賀論文集［上巻］』（成文堂，2024 年）79 頁参照。

自殺を希望する人にとって，自律原則からどのような「権限」が導かれるのか
を検討する必要がある。この権限は，自分自身の行為に関する防御権にかぎら
れるのか，それとも，民間あるいはそれどころか公的機関による援助を受ける
権利も含まれるのか。第3に，考慮の対象となりうる自殺援助者のすべてが，
自律原則に基づき等しく宥恕されなければならないのか，それとも，他の重要
な価値を理由として，個々の機関ないし専門的役割の担当者を完全に排除する
といった選択肢や，あるいは，一定の手続き的条件のもとでのみ宥恕されると
いった選択肢があるのかを，より詳細に明らかにする必要がある。その際，こ
のような規制的な保護措置が，場合によっては刑法的な性質をもつこともあり
うるのではないかということが，さらに問題となる。

　削除前の刑法217条が可決成立した際，ドイツ連邦議会の多数意見は，次の
ような立場を表明していた。すなわち，「自由答責的な自殺」はたしかにあり
うるが，反覆の意図のない一回かぎりのものではない「業として」行う「援助
者」の関与は，もはや容認できないほどに住民の自律と生命保護を危険にさら
しており，その結果，刑法の手段によってしてもその抑止が必要であるという
ものであった。連邦憲法裁判所は2020年2月26日の判決[7]で，この点を決し
て根本から否定したわけではない。むしろ，それどころか，立法者が，「自ら
の生命を終わらせることについての決定に際しての自律を保護する義務」を果
たすために「自殺幇助の特に危険な現象形態」を禁圧することを意図している
かぎり，「刑法217条の規制理念に従って」刑罰をもって禁止することを認め
ている。ただ，「自殺幇助に対する規制をなすとしても，憲法上保護されてい
る個人の権利，すなわち，自由答責的な自殺への権利について，その展開と実
現のために実際にも充分な余地が残されているということが保障されなければ
ならない」とするのである。

　連邦憲法裁判所の判決に対する一部の強い批判は，主に，自殺の決意は一般
に個人の自律と自己答責的な「個人的発展」の有効な表現となりうるもので，

---

　7)　同判決については，秋山紘範「業としての自殺援助禁止の違憲性」比較法雑誌
　54巻4号（2021年）249頁以下参照。

したがって，法的な「制限」，特に刑罰威嚇を伴う法的な制限（例えば，旧217条による制限：訳者注）に憲法上の限界づけを設定すること（例えば，自殺の権利を否定しないとすること：訳者注）は適切である，という評価に向けられている。しかしながら，この批判は2つのことを見落としている。第1に，すべての国家権力に対する基本権による拘束（基本法1条3項）という基準にしたがって正当化が必要なのは，個人の自由の行使ではなく，（例えば，旧217条のような：訳者注）国家による法的制限の方なのである（行動の自由が原則であって，国家による制限・禁止は正当化を必要とする例外である：訳者注）。ここでは，以下の事情を見落としてはならない。すなわち，自殺を望む者は，致命的な病気に直面した際に，単に安心を得るためであったとしても，合法的には，特に麻酔薬・医薬品法に違反せずに「致死薬」を入手することはできず，また，医師の処方箋を手にすることもできないのである。連邦行政裁判所が2017年3月2日の指導的な判決で，「極度の緊急事態」（「重篤で不治の病にあって，身体的苦痛が深刻」であり，死にたいという希望を緩和ないし実現するために他の選択肢がない場合）の事例において開けた，かの扉の小さな隙間でさえ，省令によってすぐに再び閉じられた。連邦憲法裁判所が，複数ありうる「自己決定に基づく死」の1つとして自殺という選択肢を利用する「確実かつ現実的な可能性」がない場合には，単に「理論的な自己決定の見込みはあるが，しかし現実的な自己決定の見込みはない」と述べる契機となったのは，まさにこのような規範的そして事実的状況であった。

第2に，自殺が一定の状況や条件のもとでは「自律的」な状態でも行われうるということは，連邦憲法裁判所の見解を俟つまでもなく，以前からの心理科学の研究によっても明らかである。オーストリア老年医学会の声明によれば，自殺は「しばしば」，情動とは無関係に，充実した人生の終わりに達したという思いのもとに，「比較検討して決断する」長いプロセスの果てになされるとしている。また，「軽減することが困難かあるいは不可能な，複数の心的負担を伴う年齢特有の状況に対する反応」であることもある。連邦憲法裁判所自体が，これは標準的な事件を特徴づけるものではなく，むしろ例外的な事件を特

徴づけるものであると強調した。すなわち，通常，「自由答責的な」自殺の割合は 5 ～ 10％であるとされていることは，精神疾患（特に大うつ病）が原因と考えられる症例が多数あることを物語っている。唯一の未解決の問題は，何らかの精神的障害が，熟考された決定を下すために必要な能力の妨げとなるかどうかである。これは，法律学の世界で今なお広く普及している考えのように思われる。しかし，チューリッヒの精神科医 Paul Hoff は，精神科医の診断があるからといって，自殺願望を頑として否定することは「差別」にあたる，と正当にも反論している。もちろん，「自殺願望が病気に関連したものであるかどうかを見誤ることは致命的」であることもいうまでもない。特にこのジレンマは，自殺幇助に関する新たな規制において見過ごされてはならない。また，自分自身の状況に関する，そして，よりよく生きるための選択肢に関する情報不足，第三者からの外的影響に関する情報不足も，自律的な自殺の決断の危険因子として大いに考慮されるべきである。

　いずれにせよ，個人の「自律」という概念が出発点においてすでに不確定であるため，「自律的な」自殺の決定を構成する個人的条件をより詳細に定義することはかなりの困難を伴う。哲学ならびに医療倫理の議論では，ほとんど整理できないほど多様な理論的アプローチが存在する。患者の自律の文脈における「リベラルな標準的見解」は，「インフォームド・コンセント」の原則を引いて，例えば Beauchamp と Faden の影響力のもと，(1)患者による，目的的・意図的な，(2)十分な理解に基づく，(3)外的にも内的にも制約的な影響や強制を受けない決定を要求する。自殺の「自由答責性」に関する，刑法で一般的な「承諾による解決策」もこれと同じ方向性を示すものであり，これは，いわゆる「免責による解決策（刑法 20 条や 35 条を根拠とするような，そのような免責的解決をいう：訳者注）」とは対照的に，定期的に生じる「アピールのための自殺（Appellsuizid ＝自らの絶望を訴えた助けを得ようとする，思慮に基づかない衝動的な自殺：訳者注）」という日常の現実を真摯に受け止め，それゆえ，原則として「成年」という「フィクション」を断固として否定するのである。それもあって，承諾能力という医事法に関連性の高いカテゴリーは，効果的な承諾の基礎とし

て必要な内省能力という要件を設定している（「相対的」または「状況的」承諾能力のモデル）。尊い法益を取り返しのつかない形で犠牲にするおそれがある場合，ヒューマンエラーという決して完全には回避できないリスクの重みが特に重くのしかかる。そして生命保護を志向する確率論という意味での，安全な方を採用する論拠も，個人の「自殺能力」を認めることにかなり消極的にならざるをえないことを示している。このことは，なにゆえに我々の直感が，咄嗟的な自殺念慮の場合には，常に救命介入を促してきたのかについて，その理由を明らかにしている。最近の最高裁判所や連邦憲法裁判所での判断においても，同様に，自由答責的自殺を承認するために，計画された人生の終焉についての十分な「内省」に基づいた，そして，必要とされる「内面的安定性と目的志向性」の証拠として，「一定の永続性」を要求しているのは，このような事情があるからである。とはいえ，自律的な自殺の決意の可能性は決して否定されるべきではないとすれば，緊急事態における「真偽不明［non-liquets］」の論理は，一時的な強制的介入を正当化するだけで，無限に生きることの強制を正当化するものではないことを確認すべきである。フランクフルトの刑法教授であるUlfrid Neumann は，個々の具体的事例を等閑視して「恒久的緊急避難」が主張される場合の濫用の危険性と，「何が自分の長期的な好みと実際の意思に対応するのか」を自己評価する当事者の権利を正当にも指摘している。もちろん，以上のことから導かれるべきでないのは，以下のような「原則－例外」関係の非現実的で自律的，理想主義的な逆転である。すなわち，すべての「パターナリスティックな介入」はもちろん，最初の緊急救助という援助も，事前に，これについての仮定的・事後的承諾を認めるためには，肯定的な蓋然性予測を必要とするということである。生活状況や個々のかぎられた資産の実存的特殊性を考慮することなく，一般化された年齢から，定義上，すべての人が自律の能力をもっていると考えること，そしていかなるケア（世話）行為もパターナリスティックなものとして拒絶することは，人類学的な事実を無視するものであり，具体的には，傷つきやすい状況にある人を一人にして放っておくならばその人の尊重要請が侵害されることには変わりないという事実を無視する

ものである。「自律」と「パターナリズム」を先鋭化して対置することは——それは法の領域ではいまだに広く行き渡っているところであるが——ドレスデンの哲学者 Theda Rehbock のいうように，「自律主義者の誤謬」とみなさざるをえない。「他人の幸福を本当に考えるのであれば，その意思を無視してはならない。他人の自律を本当に尊重したいと思うならば，その幸福に無関心であってはならない」。連邦憲法裁判所が示した「関係的自己決定」[8]という，少し驚きをもって受け取られた説示も，おそらくこの意味であろう。

　しかし，ここまでの考察は，専ら自殺者自身の防御的レベルに関するものであり，自殺者が自らの自律の領域を第三者にまで拡大しうるか，それどころか制度的に構成された法共同体に対して支援の要求をなしうるかどうかについてのものではない。周知のように，連邦行政裁判所は，極度の緊急事態の場合には，後者について認めているのである。すなわち，同裁判所は麻薬法3条，5条1項6号の合憲的解釈において，自殺目的での致死性麻薬（ペントバルビタールナトリウム）の入手に関する認可請求を認めているのである。しかし，このような外から押しつけられた「客観的な理性の基準」（例えば，生命の維持よりも「深刻な苦痛」に対する防衛を優先する必要性）に限定することは，個人の自律からは矛盾なく根拠づけることはできないと考えるならば，「自らの選択による自殺の手段」への自由なアクセスをすべての人の要請に応じて認めることになる。だが，そうすると，効果的な自殺予防という正当化された公共の利益や，「尊厳ある死」に対する全社会的関心の個別化を通じた法共同体の社会的責任は明確に無視されることになる。ここにジレンマが生じる。個人の自己決定は尊重されるべきであり，同時に，法共同体には人間の生命を守る義務がある。この両方の重要な要請を考慮した「正しい秩序」（法的枠組み）が必要となるのである。終末期の決定に関する「正しい秩序」は，共同体の責任ある機関によって作られなければならず，およそ基本的権利の効力から自動的に生まれるものではない。個人であれ組織であれ，自発的な自殺幇助者について，連邦

---

8)　NJW, 2020, 905, Rdn. 235.

憲法裁判所は，「人間による人間の発展」（Dieter Suhr）の際の基本的な自律の領域はこの程度まで拡大されると考えなければならないと，きわめて明確に想定している。しかし，詳細に考察してみると，このような考えはさほど瑣末なものとして扱いうるものではない。というのも，自殺の準備に他人を巻き込むことは，自分の「自己イメージ」に従って自己啓発することを認められた個人の「良心の法廷［forum interum］」を超え，独立した社会的関連性を獲得するからである。したがって，行為論と帰属論的には，自殺幇助者は，例えば，マンハイム医学倫理学者の Axel Bauer が強調するように，自己自らを処分するのではなく，むしろ「他人の生命に対する犯罪を犯す，すなわち他人の法益を侵害する」のである。しかし，このことは，刑法の伝統的な従属性の原則をかなり色あせたものにしている。刑法理論における共犯論は，たとえそれが従犯であったとしても（刑法27条），法益への侵害という要件を直截に認めているからである。また，刑法120条の被拘禁者の解放や257条の犯人庇護においても，完全に独立して類型化された共犯不法が認められている。これとは対照的に，自殺の場合の援助は，それが自律原則の現れであるか，あるいはその可能性があるかぎり，その援助行為を「違法なもの」とするために必要な法益の侵害を欠いているのである。フライブルクの刑法哲学者 Michael Pawlik は次のようにいっている。すなわち，「自己答責的な自殺者の行為を援助する者は，彼の権利を侵害するのではなく，彼自身の法領域を組織することを支援しているのである」と。ここから次のことが導かれる。すなわち，関連する事象が「自由における行為」であるかぎり，その援助活動は必ずしも，しかも「可罰的」不法ではありえない，ということである。

　しかしながら，非自己答責的な自殺への関与は，自律原則のもつ帰属の障壁を必然的に取り払うのであり，そこでは殺人の不法が認められうる。しかし，「促進者」が自殺者の「強制された状態，経験不足，判断力の欠如または意思の重大な弱さ」を意図的に利用し（刑法291条1項），自殺を「自分自身に対する道具」として利用したならば，現行法においても故意による殺人の間接正犯（刑法25条1項2文）として処罰されているため，新たな規定を設ける刑事政策

上の必要性はない。自己答責的になされたものではない自殺未遂の場合，それを妨げ，あるいは生命を救済するために介入しなかった者の不作為も同様に可罰的である。「保障者的地位」（例えば，医師，親族）の問題は，不作為犯が自律を欠く自殺の危険性を深刻な不測の事態として認識しつつ，しかし，それによって態度を改める動機としないかぎり，その不法が重罪（刑法212条，211条，13条）または軽罪（刑法323c条1項）のいずれに該当するかを決定するだけである。自由がないことにつき注意義務に違反して誤認した場合には，過失致死となりうる。しかし，このことは自由答責性の欠如の証明を前提としているので，Frauke Rolstalski は，他人の自殺に関与したが，「自由答責性を十分に確認していない」者に対して，過失による抽象的危険犯（「過失未遂」）の規定を殺人の罪に追加すべきとしている。この刑事政策的な提案については，自らの生命に関わる決定権という「最高の価値」に照らして考えてみると，その正当性を直ちには否定することはできない。特に現行刑法には，過失飲酒運転（刑法316条2項）という，規範構造的に同等のものがすでに存在するからである。もっとも，自由答責性を確保するために，例えば警察法や秩序法の安全対策において，刑法という鋭い剣に代わるものが本当に存在しないのか，「欠缺を埋める」刑事政策的必要性が現実に存在するのではないかが，まずはより詳細に検討されなければならないだろう。

　いずれにせよ，自律を保障し，「性急な行動からの保護」を図るために，まずは自殺の意思を有する人，あるいはそのおそれのある人のために，規制の必要性を探ることは必要であろう。しかし，ドイツ刑法217条が可決されるまでの法案は，例外なく潜在的な自殺幇助の側に焦点を当て，「営業的」，「組織的」，あるいは最終的に規定された「業としての」自殺幇助は，基本的権利である自らの生命に対する処分の自由を認めずに，不法を基礎づけうるとしていた。自殺しようとする者との関係においては，これは到底認められない。というのも，所為を支配している者の人生設計の枠内で，自律原則に導かれた援助の提供がなされた場合，それが素人によって提供されるものでなかったとしても，1回きりのケースにおいて提供されるわけでもなく，そして，あるいは，いわ

ば無給で提供されるものでなかったとしても，その従属的な性質を失うことはないからである。したがって，正犯行為に不法がないかぎり，たとえそれが「営業的な」，「組織的な」，「業としての」動機によるものであっても，これに関与することへ法的強制力を課することはできず，もちろん刑罰威嚇を正当化することもできない。しかし，2015 年 11 月の連邦議会における多数派の目的設定は異なっていた。それは，ドイツ国内での望ましくない自殺促進が社会全体に広がり，「常態化」していくのを防ぐことであった。連邦憲法裁判所は，2020 年 2 月 26 日判決で，自殺幇助の特に危険な発現形態については，刑罰をもってしても禁止しうるとした立法者の評価は，「理解可能である」として，上記の目的設定を容認した。

　しかしながら，その本来の機能からすれば，刑法は，典型的な発現形態において，法益を侵害したり危殆化したりする，したがって，処罰に値する不法というレッテルを貼られるに値するような行為が存在しないかぎり，社会全体にとっての危険を防止する手段でもなければ，社会政治的統制の手段でもない。処罰するためには，少なくとも，次のことについての説明が必要である。すなわち，反復的あるいは営業的な目的をもって援助を行う，組織化された団体による，あるいは，個人による，自殺の直前あるいは自殺を実行中の者への援助の提供が，通常，強要，欺罔，あるいは（法益関係的）錯誤の利用を手段として所為の結果を生じさせることによって，自殺しようとする者の自律を無視しているという事実である。しかし，これには実証的な根拠がない。逆に，例えば周知の自殺幇助団体が，個々の事例において，自殺を希望する人の自由答責性を細心の注意を払って精査していることも，もちろん決して保証されているわけではない。ただ，「困難な紛争状況」における個々の事例において「特別な個人的な結びつき」から自殺を幇助する私人にあっては，ほぼ間違いなく，そのようなケースではないであろうし，上述のような理由で（2015 年の）刑法 217 条を基礎づけることはできない。このように考えるならば，法治国家においては，明らかな所為不法のみを処罰するとする刑法（基本法 103 条 2 項参照）を用いる可能性は，老人や病者に対する誘惑による誘い込みや強制を理由とし

20

て刑法 28 章「公衆に対する危険」の規定を追加しないかぎり，すでに尽きている。

だが，「人命に対する社会的尊重の弱体化」の可能性が刑罰規範にとって十分であり，そのような「風潮犯罪」を要求することが立法者による刑法の濫用とみなされないとしても，連邦憲法裁判所も明言するように，科学の現状によれば，このような見方には何の証拠もなく，また，「援助の提供者」の広がりや，社会全体の「正常な状態として受け取ること」や「慣れ」の出現が，総じて，自殺に向けての懸念される期待の圧力につながりうるとすることになんらの根拠はない。比較法的にみて，最も比較に適しているスイスでは，そのような影響はまったく存在せず，ベルギーとオランダでは，ここでの検討の対象となっていない要求による殺人が許容されていることから，そこでの動向は危惧すべきものである。もちろん，社会全体がそのように発展しうるということはありえないとまではいえないであろう。むしろ，将来に関する想定については判断が不能である。しかし，正確な現実の把握という法治国家的な要請に照らしても，このような前提では，基本的権利を侵害するような事前の禁止は，刑罰威嚇も予定されていることからも基礎づけられえない。むしろ，自律と生命とを危険にさらす援助の防止と，援助者をコントロールするという，明らかに正当である一般的な利益は，公法上の規定（違反した場合には制裁規範）によって補足されながら，獲得されなければならない。というのも，刑法は以下のような「従属的な反作用秩序」とみなされているからである。すなわち，その秩序はすでに実質的な禁止行為を前提としており，刑罰威嚇を通じてそれを強化しているにすぎない，そのような反作用秩序である。非刑法的統制の領域では，理論的には以下のような規制モデルが提示されうる。

1．独自の審査委員会を有する管轄官庁モデル
2．倫理委員会を有するセンターモデル（典型モデルとして，着床前診断）
3．承認モデル（薬事法等において，特定のサービス，例えば，（致死性のものを含む）医薬品の製造や中絶に関するカウンセリングなどを民間事業者が行う場合に

は，国の許可が必要となる：訳者注)

a) 事情に応じて，紛争相談所による審査に従う（例として，刑法 218a 条 1 項)

b) 事情に応じて，倫理委員会による事前評価に従う

c) 公共サービスの提供の禁止によって補完される（秩序違反としての制裁，威嚇を伴う)

4．民営化モデル

a) 事情に応じて，紛争相談所による審査（例として，刑法 218a 条 1 項）に従う

b) 事情に応じて，標準化された捜査管理のコントロールを行う（スイス)

5．医師による処方箋モデル（オレゴン州)

6．医師による支援モデル。事情に応じて，標準化された事後検査を伴う（オランダ)

この選択は，事柄の性質上，必然的に 3 つの重要な問題に関連づけられなければならない。

第 1 に，自殺しようとする人の自律的な意思決定に必要な能力という要件を実際に考慮するということを，手続上どのように確保するかを明らかにしなければならない。これを日常的な医療ルーティンに委ねることは，事実上，制御不能な自由な余地を生み出すことになり，その扱いは完全に各医師の自己イメージに委ねられることになる。現在の法案や議論などでは，未成年者も含めることを排除していないものもあるが，未成年者も含めるとなると，この問題はさらにむずかしくなり，親権者の関わりや家庭裁判所の法的地位について，さらなる問題が生じることになる。また，刑法 219 条，5 条以下に従った妊娠葛藤相談にならった「無制限の」義務的相談という着想も，基本的価値の保護が単に紙の上のもので足りるとするならばともかく，経験上，信頼感を呼び起こすものとはいえないであろう。したがって，「倫理委員会による解決策」を支

持する意見は多い。特に，例えば生体臓器提供の場合（臓器移植法 8 条 3 項），臨床治験の領域（医薬品法 40 条），最近では着床前診断の場合（胚保護法 3a 条 3 項 2 文 2 号）などでは，既存の適用例をみると，たしかに個々の事例における慎重な検討が期待される。また，「Augsburg- Münchner-Hallescher Entwurf」の著者は，正当にも，独立した委員会による自由答責性の事前鑑定は，自殺幇助を行う側にとって必要な法的安定性を提供する，と述べている。透明性の欠如や，制度が分散化して（「委員会ツーリズム」など）結論の一致をみない可能性を指摘するいつもの反論もあるが，これは，この問題に固有のものではなく，手続設計の問題であろう。さらに，「道徳的パターナリズム」が個人の自己決定やプライバシーを犠牲にするとの反論があるが，この反論は，自分の命を投げ出すという決断が「自律的」なものであることを確認するという共同体の正当な利益を，極めて過小に評価しているといえよう。

　第 2 の核心となる問題は，今述べた問題と直接関連している。すなわち，それは，社会全体という観点から，自殺幇助が，それに適用される手続規定に従ってのみ許され，それ以外の方法で行われることがないということを，制度的にどのように保障すべきか，という問題である。危険にさらされている基本的価値に照らせば，法共同体による効果的なコントロールは，「自殺する権利」を認めるためのいわば「代償」であると考えるならば，スイスの寛容モデルや単なる事後的（日常的）な審査では不十分であると感じるであろう。ここに，2015 年に連邦議会の多数派が（旧）刑法 217 条を可決するに至らせる動機となった懸念の正当な核心がある。多くの官公庁の少ない人員数と構造的な負担超過——現在のパンデミック状況が十分に明らかにしたように——を考慮すると，団体法と営業法によって十分効果的に国家の監督を行えるかどうか，あるいは理論的な構想にとどまるかどうかは，未解決の問題であるといえるであろう。したがって，他の団体や私人の活動を禁止すること（秩序違反法による規制）によって，このモデルの社会における重要性が強化されうる「承認モデル」が望ましい。その際，もちろん，他の領域においてと同様に，その後の定期的な点検など，承認の具体的な要件をより詳細に定めることが必要である。基本的

には，当該援助者が，「自由答責性な自殺に関与するために，定められた要件が遵守されていることを継続的に保証し，その他の理由からも信頼できないものではない」ことが，常に確認されていなければならない。さらに，禁止事項を限定したり，そのほか，事柄が誤った方向に向かわないようにすることが，社会全体の責任にかかっている。

　最後に，この規制モデルの第3の核心的問題は，具体的な実行者についてである。国民だけでなく，法政策担当者や法学者の多くも，医療従事者をまさに「運命づけられた自殺幇助者」とせざるをえないとみなしている。それによって多くの場合，医師の自尊心が傷つけられるということは，明らかに「付帯的損害」としてやむをえないことであろう（必要に応じて，「良心条項」を認めて一身的に宥恕する）。自殺に医療が関与する選択肢が存在するとしても，その際，決して医師と患者という二者間関係——医療が自殺に関与するという選択肢があるのであれば，たしかにそこでは，「信頼」の証となりうるのであるが——だけが問題となるのではない。むしろ，「善良な医師」の専門的役割全般が，そして，これに関係する国民の専門職に特有の信頼が重要となるのである。国際的な著者チームによる最近の意見書において，医療従事者の関与は，特に最も脆弱で，かつ助けを必要とする瞬間に，必然的に患者と家族をしてその意図に不信感をもたせることになると正当に指摘している。このような理由から，例えば，アメリカ医師会は伝統的な医療理念を近時再確認したのである。すなわち，「医師による自殺幇助は，医師の治療者としての役割とは根本的に相容れないものであり，コントロールが困難か不可能であり，深刻な社会的リスクをもたらすであろう」と。しかしながら，基本法12条及び医療従事者法にしたがい，自らの専門的役割を決めるのは，まず第1に医療の自治である。自殺に関与することの任務が法律によって医師に委譲されることは，これまでの役割の理解を単に修正するだけではなく，「自分の事務」の核心に関わることになり，まさにそれを逆転させてしまうことになりかねないのである。いずれにしても，この問題には，法律による規制が必要である。

5. 簡潔な展望

　以上のことは，この問題にどのように対処し，規制していくかということが難しいものであることを示している。どのような法的枠組みも，濫用や劣化に対して必要な安全性と信頼性を提供することはできないだろう。したがって，何よりも，自殺がもたらす個人的・集団的なコストについての社会全体の啓蒙と感受性を鋭くする必要がある。その際，重要な要素であるのは，集中治療医学の手による場合，「過剰治療」が行われるのではないかという多くの人々の当然の懸念である。したがって，何よりもまず，現代医学，特に大病院に対するすでに壊れかけた信頼をさらに失うことのないようにする何らかの努力が必要である。しかし同時に，ドイツ国民の大多数が，自分の人生の最終段階で無力になることを望んでいないという事実から目をそむけてはならない。実際に，究極的な，自分のさらなる人生を「続けるかどうか」，「どのように」，そして「いつまで」生き続けるかという，極めて一身専属的な決断（重大な責任）を，誰もその個人から奪うべきではないし，奪うこともできない。当事者自身は常に，自分自身の「人生という船」の舵取り手であることに変わりはないからである。とはいえ，可能であれば，同じ時代を生き，感情を共にする仲間の，人生を肯定し，敬意をもってするケア（世話）が用意されていることがなお好ましい。

III　若干の考察

　1. Duttge 教授の論稿のタイトル「刑法における自律の限定づけによる自律の保護」は一見矛盾とも思われる表現であるが，その矛盾の中に自律概念を止揚する展開が含まれていることが分かるであろう。Duttge 教授は，自律を真の意味で保護するには，必要な場合には外部からの介入を認め，その限度で自律を制限してもやむをえない，否，むしろ必要であるという。もとより，それは一定の必然的事情に属する場合であることになる。

Duttge 論稿には，学際的な研究を網羅して，国内外の多くの文献が脚注に示されており，それらの幅の広い研究における成果が，見事に考察をより説得的なものとしている。論稿の後半では自殺幇助を取り上げて検討の対象としているが，その前段となる各部において，哲学的思索，刑法と自律との関係，自律と刑法の限界がそれぞれ検討され，検討にあたって周到な論理の運びがなされている。

　ところで，ドイツにおいても，わが国においても，従来，臨死介助（安楽死）の問題の中心は積極的臨死介助の正当化の問題であったが，現在では，緩和医療の発展によって，耐えがたい肉体的苦痛を取り除くすべがないということは実際的にはほとんどなくなり，積極的臨死介助にかかる事例は事実上存在しなくなったといえよう。そのことから，臨死介助の問題は消極的臨死介助，すなわち治療中止へと場を移したが，一方，積極的臨死介助と消極的臨死介助・治療中止との中間に位置するとされる自殺幇助に関して，医師による同行為の是非が議論に上り，治療中止とともに臨死介助の議論の中心となったのである。

　以下，Duttge 論考の概略を紹介し，検討してみたいと思う。

(1)　自律概念
　本論稿の「Ⅱ」の「1．法哲学的な予備的作業」では，物事を決定していく「主体としての個人」が確認され，その集合が必然的であることによる法の秩序機能が説かれている。政治的・法的な秩序は，構造的になされた構成であり，秩序には従属が内在し，絶対的な秩序と民主的秩序との対置にあって，個人の価値を尊重する後者が優位性を有するが，そこでは，拘束力のある法的ルールは「その基本的な条件，すなわち，自己意識を有する存在へと高められた個人の形成を，あらゆる手段によって確保しようと努めるかぎりで」(Gerhard) 説得力をもつ。利用不可能で不可侵な法的主体性（「人間の尊厳」）に基づいて基本権と人権とを憲法に定着させることは，個人をすべての法の「究極的な正統性の源泉であり，究極的な目的」とみなす「（法的）規範的個人主義」の必須の要件であり，そして，このことは，「国家は人間のためにあるのであって，

人間が国家のためにあるのではない」という綱領的な規定を最上位に導くのである。その具体化としての自律原則は，「あらゆる人間は，自分に関する事柄について，自ら決定することができる」（Herrenchiemseer Entwurf eines Grundgesetzes）とする表現に表れている。

　ところで，この自律という概念は，臨死介助の領域で議論の方向性を決する核となるものであるが，自殺幇助の領域で問われるのは「死」の選択と自律の両立はありうるかということである。この点で，参照されるべきは，Neumann の考えであるまいか。Neumann は，人の死によって，自律が否定されるわけではないことを論証しようとする[9]。すなわち，例えば，集団強姦から性的自己決定を守るための死，残酷な拷問から身体の完全性という利益を守るための死といったものにおいてその可能性を肯定するのである。「生命の価値は身体の完全性より高く，苦痛を排除するために人の生命を排除することは法的には許されないとしても，しかし，人間の尊厳の絶対性のテーゼを是とするならば，苦痛が人間の尊厳を失わせるというのであれば，その尊厳を守るために生命を犠牲にすることは，法的にも正当化できるのではないか」[10]。そして，上に挙げたような死の選択と同じく，現存の逃れられない身体的苦痛から解放されるための死においてもまた違法性が阻却されることになり，それゆえ，それへの関与は不可罰であると理解することができる。これが，自殺幇助に関する一般的なテーゼであるということになろう。

(2)　刑法における自律の保護

　本論稿の「Ⅱ」の「2．刑法における自律の保護」では，「可能なかぎり最

---

9)　Standards valider Argumentation in der Diskussion zur strafrechtlichen Bewertung von Maßnahmen der „Sterbehilfe", freiheitlichen Rechtsstaat. Festschrift für Hans-Ullrich Paeffgen zum 70.Geburtstag, 2015, S. 327ff..

10)　拙稿「臨死介助（自殺幇助）団体とわが国の対応」只木誠／グンナー・デュトゲ編『終末期医療，安楽死，尊厳死に関する総合的研究』（中央大学出版部，2021 年）219 頁。

大の『自己管理』と自己答責的な個人の生き方を主張することには特別な価値があり，そのため，その侵害に対しては刑法も含めた法的保護を必要とする」として，法益概念の究極の指標が示されている。すなわち，法益に価値を認めることで「個人の自由な発展と基本的権利の実現」が可能となるが，それは，「規範ヒエラルヒーの最高に位置する憲法的価値秩序に刑法が組み込まれていることに起因」し，「その憲法的な価値秩序は，人間の尊厳の保障と個人の自律という観念を基礎として，その上にある」からであるとする。

　法益の価値が個人の自己決定による個人の権利の実現のためにあるとする定理は，被害者の承諾があればそこに犯罪は成立しないとされる被害者の承諾論に１つの依りどころを認めることになる。そして，この被害者の承諾論は，いうまでもなく，医的侵襲や終末期医療の場において，医療行為についてのもっとも重要な正当化要素となる。この承諾論について，Duttge は，「承諾原理の憲法的・法倫理的基礎としての個人の自己決定という考え方には……承諾を与える人の自己答責性が必然的に含まれて」いなければならないとし，そこで問われるのは，自己答責的な，あるいは，自律的な自己決定の内容と具体的にそれを担保する手続・基準ということになる，としている。これについては，本稿の第４章以下で検討することになるが，患者の指示書（リビングウィル）はその１つであるところ[11]，そもそもわが国でもそのような意思表示の文化を育み，根付かせることが重要であることは，これまで筆者が繰り返して論じてきたところである。

(3)　刑法の限界

　本論稿の「II」の「3．自律原則に照らした刑法の限界」では，「刑事罰の威嚇と付加の根拠となる法益関係的不法という要件は，究極的には，一般的かつ憲法上の比例原則を分野ごとに具体化したも」のであるとして，刑法の憲法従属性を確認した上で，各種場面における「刑法の限界」というものが，根本

---

11)　秋山紘範「事前指示を巡るドイツの現状」比較法雑誌 53 巻 3 号（2019 年）227 頁。

28

的価値である「自律原則」から導かれている。

　「自律原則は，人間の行動が社会的領域に損害を与えるか，あるいは重大な影響を及ぼしうる場合……必然的にその限界に達する」と自律原理の制限の正当化を明らかにし，また，法主体の自律が要件とされ，それが欠ける場合には，国家による配慮の原則，いわゆる国家の保護義務が前面に登場するという[12]。侵害原理との関係でいえば，それに違反しない行為に対する主権者の介入は違法であり，「父権政治」は自己答責性を否定することになる，という。カントの言説をもってするこの説明についても，異論はないといえよう。

　Duttge は，パターナリズムに関する法倫理的な議論について，法律，特に刑法が常に正当性の限界に達するときの要件として「1．法律が当該市民の自由を制限する場合，2．そして，それが強制的に，すなわち，当該市民の承諾なしに，あるいは市民の意思に反してなされる場合，3．その際，立法の意図と正当性は，主として，当該市民の福祉を促進または維持することにあり，特に，行為者に深刻な危害が及ぶ蓋然性を減らすことにある場合」を挙げている。禁止規範が当該個人に直截に向けられる直接的パターナリズムについては解釈上の問題性は少ないとし，主に第三者の行動範囲を制限し，結果として，実際に保護を必要としている者に対して，その者が目的を追求するためになんらかのものを必要とするにあたり，それを手にするという自由を制限する効果をもたらす間接的パターナリズムについての問題性を指摘している。それは，具体的には，評価の困難さ，正当化の困難さ，そして，その限界である[13]。

　自律原則はどのような場合にどの程度制限されるのか，パターナリズムは臨死介助の領域でどのような促進原理と制約原理となるのか，国家による配慮がなければ自律を担保しえない個人について，臨死介助をどのような要件の下で正当化していくのか，といった問題は重要な課題であり，Duttge の論稿の，以下の論述部分につながっている。

---

　12)　国家の保護義務については，拙著『刑事法学における現代的課題』（中央大学出版部，2009 年）11 頁参照。

　13)　ここでは，いわゆる「最も緩やかなパターナリズムの原則」が挙がっている。

第1章 刑法における自律　29

(4)　憲法裁判所判決と自殺幇助

　本論文の「Ⅱ」の「4．連邦憲法裁判前後の自殺援助」は，自殺幇助をめぐ
る2つの究極の価値，すなわち，「生命の絶対性」という価値と，「自己決定
権」という二つの価値の相克についての確認から始まる。すなわち，「同胞や
社会全体からみれば，自殺は常に『不幸』で」あるが，しかし同時に，「本質
的かつ基本権による自由を認めておきながら，生き続けることを個人に強いる
ならば，それは，自由主義的な社会秩序の自己理解とは一致しない」とするの
である。そして，「自殺幇助の新たな規制をめぐる近時の議論が，この2つの
価値観に関連する対極の間で揺れ動いていることは想像に難くない」として，
人の生命の完全性を優先的に考え，自律的な自殺の要件を厳格化しようとする
のか——自殺幇助の自由化に反対し，旧217条のような禁止規定を支持する立
場——[14]，それとも「生死の境界線にあっても自律の原則が優先されるとみな
し，そのかぎりで個人には基本的に決定権があると考える」のか——自殺幇助
禁止規定を自由に対する敵対的なもの，基本法に反するとみなす立場——[15]
の対立であるとする[16]。

　Duttge は，自殺は違法ではないとする立場に立つと[17]，3つの問題が提起さ
れるという。すなわち，①「自律的」であるとされる合理的条件，②自律原理
から導かれる「権限」，そして③自律原理によって自殺幇助者が宥恕される条
件の問題である。

　ドイツ刑法旧217条の立法趣旨は，自殺幇助者の「関与がもはや容認できな
いほどに住民の自律と生命保護を危険にさらし，その結果，刑法の手段によっ

―――――――――――――
　14)　拙稿前掲（注6）83頁参照。
　15)　拙稿前掲（注6）86頁参照。
　16)　「生命の神聖さ」と「生命の質」の対立と両立の可能性を探るのは，山下一道
　　　「安楽死・尊厳死から尊厳的生へ」加藤尚武・加茂直樹編『生命倫理を学ぶ人の
　　　ために』（世界思想社，1998年）163頁参照。ここでは，英米とドイツにおける
　　　過去からの「学び」がみられて興味深い。
　17)　本書48頁，106頁参照。

30

てしてもその抑止が必要である」というものであり，2020 年 2 月 26 日の連邦憲法裁判所の判決も，この点を否定してはいないとされている。たしかに，同判決は，一部では，むしろ積極的に肯定しているといえよう。もっとも，その評価については，見解は分かれている。つまりその部分の言及は「判例」といえるのか，それとも傍論にすぎないのかという点である[18]。

　自殺幇助ばかりか，他人の手による自殺の権利までも認めたこの連邦憲法裁判所の判決に対する批判は，自殺の決意は一般に個人の自律と自己答責的な『個人的発展』の有効な表現となりうるもので，したがって，自殺幇助を刑法をもって規制することについては，自律を尊重する憲法上の制限を設定することは適切である，という評価に向けられている。すなわち，自殺は規制されるべきであるというのである。これに対しては，自殺を望む者は，極限的状態においても，実際上，死に至る手段を有していなかったという事実が存すると指摘されている。

　また，自殺を行う者は自由答責的であったかということもこれまで度々問題となってきたが[19]，Duttge は，これに検討を加えつつ，「自律的な」自殺の条件を以下のようなモデルで紹介している。すなわち，「インフォームド・コンセント」の原則を援用して，① 患者による，目的的・意図的なものであること，② 十分な理解に基づくものであること，そして ③（外的にも内的にも）制約的な影響や強制を受けないものであること，である。その上で，留意すべき点として，「『自律性』と『パターナリズム』を先鋭化して対置すること」は必ずしも正しくはなく，「他人の幸福を本当に考えるのであれば，その意思を無視してはならない。他人の自律を本当に尊重したいと思うならば，その幸福に無関心であってはならない」とし，「連邦憲法裁判所が示した『関係的自己決定』という説示も，おそらくこの意味であろう」としている。

　以上の議論は，自殺者自身の基本権が侵害されてはならないという，防御的

---

18)　拙稿・前掲（注 6 ）87 頁。

19)　拙稿「医師による自殺幇助の可罰性について」中央ロー・ジャーナル 5 巻 1 号（2008 年）84 頁。

なレベルの話であるが，では，自殺者の権利を保障するため自律の領域を第三者にも拡大させ，第三者による自殺幇助も認めるかの議論についてはどうか。連邦憲法裁判所は，第三者の手による自殺の権利の保障を認める。刑法的には，正犯に対する従属性が共犯の基本とされることから，自己決定に基づく自殺の場合に，共犯の成立を肯定しこれを処罰することはできないというのがドイツの支配的見解である。Duttge は，Pawlik の「自己答責的な自殺者の行為を援助する者は，彼の権利を侵害するのではなく，彼自身の法領域を組織することを支援しているのである」という主張を引用して，支配的見解に与している。

　ここから次のことが導かれる。すなわち，自殺が「自由な意思によってなされる行為」であるかぎり，その援助活動は必ずしも不法，いわんや可罰的な不法ではありえない。もっとも，その際，非自己答責的な自殺への関与が問題となるが，これについては，間接正犯や不作為犯，あるいは刑法 323 条 c 条 1 項で対応できるのであって，処罰の間隙が生じることはない。そして，Duttge は，結論として，「その本来の機能からすれば，刑法は，典型的な発現形態において，法益を侵害したり危殆化したりする――したがって，処罰に値する不法というレッテルを貼られるに値する――ような行為が存在しないかぎり，社会全体にとっての危険を防止する手段でもなければ，社会政治的統制の手段でもない」と締めくくっているのである。また，旧刑法 217 条の立法事実，すなわち，業としての自殺幇助における「人命に対する社会的尊重の弱体化」や，自殺幇助が通常的なもの，一般的なものと感じられることによって，一定の者に対する自死への「圧力」が生じるということもないとしている。

　Duttge は最後に，自殺幇助に関する刑法外での規制モデルのいくつかの可能性を提示している。その上で，課題として ① 自殺しようとする人の自律的な意思決定に必要な能力という要件について手続上どのように確保するかを明らかにすること，② 自殺幇助が適正な手続規定に従わずになされることをどのように制度的に保障するのか，③ 具体的な実行者を誰にするのか，という問題である。

2．結びに代えて

自由主義的な見地から「死ぬ権利」を認めた 2020 年判決は，ドイツの刑法学者においてさえ驚きをもって迎えられた。同判決は，① 生命の尊重と自己決定権との調和，② 国家の施策としての自殺予防の正当性，③ その施策は基本的には立法府の裁量に属すること，④ それには刑罰による手段も許容されること，⑤ しかし，自殺の権利の剥奪は許されないことを掲げたが，これらのすべてを，その調和を保ちつつ満たすことは至難の要請であろう。これについて，Sinn は，自殺援助の法規制の必要性を判決文から読み取って，刑罰による自殺援助禁圧は理に叶うと説くが，Rosenau は，自殺援助の法規制を説く部分は判決文の傍論であるとして，自殺の権利と，自殺援助にかかる犯罪不成立を強調するのである。自殺の多くは少なからず何らかの精神の病によっており，自己答責的とはいえないとの主張は極めて傾聴に値する。もし，そのようであるならば，自殺違法説は妥当であり，法政策的にも社会の法的安定性に資するであろう。一方，自己決定権の保障と絶対的法益たる生命の保護との相克のなか，同意・承諾殺人の違法性は自由な意思決定の尊重のもと阻却されうるとの自殺適法説も有力である。

ところで，わが国の判例は，消極的臨死介助は患者の自己決定権と治療義務の限界論を根拠として，積極的臨死介助は自己決定権と緊急避難の法理から，理論上そのいずれも正当化している。しかし，実際には，その違法性阻却要件の実現はきわめて困難であり，また，現行 202 条のもとで自殺援助の不可罰性を導くことは現実的には不可能といえ，医師による死に至らせる薬物の処方などということも，わが国では，考えられていない。日本では，法学者や各種関係者における模索の域を出ていない「死への権利」という概念は一般的に承認されるまでには至っておらず，事前指示書の慣習化もいまだ道半ばといったところである。家族の存在が個人を凌ぐことに抵抗感が低いという文化的背景は，個人の自律，患者の自己決定権をもって終末期医療の選択を行うという価値観のわが国での受容にとって障碍となっており，その一般化を加速するのに

与しているとはいえないのであり，そのような価値観が社会に受け入れられるのは，個人の自律の重要性が国民の法的確信となってからのことであろう。そうであれば，性急な安楽死法等の立法化は拙速に失し，危険でさえもある。神の教えに反する自殺への援助よりも臨死介助を選択する彼の地の議論を，自殺に対しての垣根が低いとされるわが国に安直に横滑りさせ，「『死』は自らが選びうる」との結論を安易に一般化させることは厳に慎むべきであろう。生と死に真摯に向き合うことをしない，そのような風潮を我々は大いに危惧しなければならない。その点でも，ドイツ刑法旧217条の立法の趣旨は，必ずしも否定されるべきとはいえないであろう。

とはいえ，自己決定権や自己答責性などを基礎とするドイツ法の価値観は緩やかにわが国に広がっており，そのような法文化の継受は今後も続いていくものと思われる。日本でも，今日では人工延命治療の差し控えは許されているのであり（2007年の厚労省のガイドライン），患者の尊厳を第1とする価値観の変遷には隔日の感が存する。今後，そのような法意識の変化のなかでは，「死への権利」に基づく「死の迎え方」が違和感なく国民に受け入れられるという状況が訪れるときがくるであろうと思われる。「尊厳」「自己決定」といった価値観や行為を規律するドイツ法的な概念の敷衍により，なだらかなドイツ法化，法の継受は，自然に，かつ確実に進んでいる。ずっと先には，ことによると，刑法202条の自殺関与罪，嘱託・承諾殺人罪の規定の正当性の是非が議論にのぼる日が来るかもしれない。

終末期における死の権利，自殺の権利と人格権との関係，自己決定に基づく自殺の適法性の如何，生命法益の捉え方について，そして，自殺への垣根を低める風潮や高齢者への社会的な圧力を抑止することは抽象的危険犯の保護法益となりうるのか否か，自己決定の尊重と天秤にかけられるべきは個人の生命か，それとも国家の保護義務か，耐えがたい精神的苦痛は臨死介助を許容しうるのか，などについての解釈論を整えて，我々は，そのときの到来に備えるべきであろう。Duttgeもその論稿の最後に，我々の課題が「想像を超えた挑戦であること」を示し，そのために必要な社会全体の啓蒙の必要性を説いている

のである。

第 2 章

臨死介助・治療中止・自殺幇助と
「自己決定」をめぐる近時の理論状況

I　は じ め に

　現在，わが国では，急速に高齢化社会を迎えており，それに伴って，高齢者介護の問題とならんで終末期医療の問題が喫緊の課題となっている。医療の進歩に伴い，それまでは助からないとされていた命が助かるようになった反面，末期のがん患者等においては，治療困難で耐えがたい苦痛にあえぐ者も少なくない。終末期医療において，患者が安らかに眠りにつきたいと考えた場合，どのようにその希望を叶えることが出来るのか。それは，現代においては，患者本人と家族の問題でありつつ，同時に，医学上の問題であり，いうまでもなく法律上の対応が急がれる重要な問題である。

　わが国では，これまで8件の安楽死（積極的臨死介助）事件が裁判で争われたが，すべてが殺人罪ないし嘱託殺人罪で有罪となり，他方で，すべての被告に執行猶予が言い渡されている。その中で，平成7年東海大学安楽死事件の判決では，ⓐ 患者が耐え難い肉体的苦痛に苦しんでいること，ⓑ 患者は死が避けられず，死期が迫っていること，ⓒ 患者の肉体的苦痛を除去・緩和するために方法を尽くし，他に代替手段がないこと，ⓓ 生命の短縮を承諾（同意）する患者の明示の意思表示があること，という基準が示された。いずれも，その後多くの関係方面に安楽死が許容される指針として影響を与えたものであるが，その基準となる要件があまりに厳格であることから，判例は，実際には「末期医療における安楽死を事実上封殺したもの」であるとの評価もなされているの

である[1]。

　近時の川崎協同病院事件で，1審は，治療中止（消極的臨死介助，尊厳死）の許される要件として，東海大学安楽死事件と同様，「患者の自己決定権」と「（医師の）治療義務の限界」を挙げたが，高裁ではかかる基準が現在一般に承認されているとはいえないとされ，最高裁（最決平成21・12・7刑集63巻11号1899頁）はいずれの立場にも与せずに，ただ，結論においては，本人の意思が不明な場合に認められるべき「患者の推定的意思」に基づく行為ではないなどとして，1審，2審同様に，被告人に有罪の判決を下している。このような状況のなかで，日々，かかる終末期の患者に接している末期医療また救急医療に携わる医師は，いかなる要件において自己の行為が許容されるのかにつき判然としない，きわめて不安定な状況におかれており，同高裁判例も指摘するように，法的な，ないしガイドラインによる早急なルール作りが望まれているのである。もっとも，一方で，法律やガイドラインが確立することにより，患者やその家族に不当な圧力がかかることになるのではないかとの強い懸念も示されているところではある[2]。

　安楽死・尊厳死といったテーマにおいては，重要な保護法益である人の生命が問題となっていることから，法律家においては，個人における意思の自由と自己決定（権）の尊重という前提のもと，どのようにこれを確保するのか，そもそも自らの死を選択することは自己決定権のうちに入るのかといった根本的な問題に答えを出すことの困難に直面しているというのが現況である。ドイツにおける自己決定原則，治療義務の限界についての議論について，わが国ではこれをどのように受け止め，何を学び，治療行為の中止の議論にどのように活

---

1)　町野朔「『東海大学安楽死判決』覚書」ジュリスト1072号（1995年）113頁など。

2)　これに対する批判として，Rosenau, Aktive Sterbehilfe, in : Festschrift fur Claus Roxin zum 80. Geburtstag, SS. 577, 588. ドイツの自殺援助処罰法の制定過程では同様に危惧する意見がみられた。佐藤拓磨「ドイツにおける自殺関与の1部可罰化をめぐる議論の動向」慶應法学31号（2015年）355頁，拙稿「臨死介助協会と自殺援助処罰法」井田良ほか編『浅田和茂先生古稀祝賀論文集』（成文堂，2016年）647頁以下参照。

かすべきであろうか。以下では，わが国の議論を簡潔にまとめたのち，ドイツの議論を紹介し，翻って，わが国への視座を見つけたいと思う。

II わが国の判例・学説

「日本では，事前の延命治療差控えに対してはかなり寛大に許容しつつ，1度開始した延命治療・措置に対しては，中止すれば殺人罪になる懸念があるとして過剰に抑制的であるが，これでは，救助できる患者でも最初から見放すことにな」るとの声がある[3]。この意味で問われているのは，治療行為の中止を正当化する方途についてである。

東海大学安楽死事件判決では，治療中止の根拠は自己決定権の理論と医師の治療義務の限界にあるとされた。また，川崎協同病院事件で，最高裁では，治療中止を正当化するものとしてあげられた「余命および回復可能性」と「患者の推定的意思」の2つの要件に照らして，本件においては，死期の切迫性と回復可能性が不明であって，治療中止は認められないとされ，家族からの要請であっても，病状等につき適切な説明が与えられた上での要請でなければ，患者における推定的意思とは認められないとされたのである。

治療中止について，最高裁が，周到な検査を行い，余命や回復可能性について的確な判断をし，それを前提として家族に説明し，家族が推定的承諾（同意）をなし，それに基づいて治療行為を中止するのであれば，法的に許容されるものとするとした，その意義は大きい。もっとも，その理論的根拠については，明らかではない。2つの要件の関係，すなわち，いずれか単独でも正当化できるのか，前者が後者の要件であるのかは不明である。また，前者については，どのような段階であれば「余命および回復可能性」が見込めないといえるのか，治療の可能性があっても治療行為の中止は可能なのか，そして，なんといっても，自己決定権の行使があってもその共犯を処罰している現行法202条と

---

3) 甲斐克則「イギリスにおける人口延命治療の差控え・中止（尊厳死）議論」甲斐克則編『医事法講座第4巻 終末期医療と医事法』（信山社，2013年）163頁。

どのように整合させるのか[4]の問題は依然として残っているのであり，また，判例は，治療中止の意思の判断は家族の代諾（代行承諾）ではなく患者本人の推定的意思をもって行うとしているが，その具体的な内容の意味するところについて，また，家族の恣意の排除や家族の範囲の確定の問題等について，今後明らかにしていかなければならない点は多い[5]。

この治療中止の正当化については，学説では，まず，本人の自己決定権（あるいは，本人の推定的意思に基づく家族の意思）を根拠として治療中止の適法性を判定しようとする見解が存する[6]。川崎協同病院事件最高裁決定も，家族の要請の中にうかがわれる患者本人の推定的承諾により治療中止が「法律上許容」されうることを認めており，この見解に立脚しているといえよう。次に，治療義務の限界を問うことにより，その限界を超えたところで行われる治療中止は違法とはされないことを根拠に治療中止の適法性を肯定しようとする見解がありえよう。もっとも，前者については，意識レベルが下がっている患者の意思をどのように確保するのか，家族の意思で代行できるのか，後者についても，どのような場合が限界なのか，「無益な治療」は「無益な生」を肯定することにつながらないのかなど[7]，いずれにも，解決すべき問題があるとの指摘がなされている。

また，治療中止に至るまでの手続の履践の有無を重視する見解もある。これ

---

4)　原田國男「座談会　終末期医療と刑法」ジュリスト 1377 号（2009 年）99 頁。

5)　加藤摩耶「刑法 2010 3 治療中止の限界―川崎協同病院事件」『判例セレクト 2009-2013［Ⅰ］』（有斐閣，2015 年）150 頁。なお，橋爪隆「座談会 終末期医療と刑法」ジュリスト 1377 号（2009 年）102 頁。

6)　代表的なものとして，甲斐克則「安楽死・尊厳死」西田典之ほか編『刑法の争点』（有斐閣，2007 年）37 頁，同「終末期医療における病者の自己決定の意義と法的限界」飯田亘之・甲斐克則編『終末期医療と生命倫理』（太陽出版，2008 年）39 頁以下などを参照。なお，西元加那「終末期医療に関する判例にみる治療中止の正当化理論」東洋大学大学院紀要 52 集（2016 年）13 頁以下参照。

7)　井田良「座談会 終末医療と刑法」ジュリスト 1377 号（2009 年）103 頁，同「安楽死と尊厳死」前田正一・氏家良人編『救急・集中治療における臨床倫理』（克誠堂出版，2016 年）71 頁以下。

第2章　臨死介助・治療中止・自殺幇助と「自己決定」をめぐる近時の理論状況　*39*

は，終末期医療とケアに関わる重要な決定の手続について，例えば厚生労働省において予め策定された終末期医療のガイドラインの客観化されたルールに依拠して現場での決定を行っていこうとするもので[8]，それに則るならば，少なくとも，医師が刑事訴追を免れることに一定の効力をもつとして，多くの支持を得ているところである。これについては，ガイドラインによる方法では必ずしも医師の不処罰を導けないのではないかとして尊厳死法の立法化も提案されているが，多様な状況の患者がいるにもかかわらず，詳細に個々の要件を定めることは困難であり，それよりは，イギリスやスイスとおなじように，個々の患者の病状に鑑み，また，多様な専門的知見を取り入れることができるガイドラインによるほうが医療の現場になじみやすいという面は否定できないであろう[9]。もっとも，これは，治療行為の中止の適法化の問題というよりも，あくまで医療現場における正当な手続履践の要件であると思われる。

　そして，現在有力に主張されているのが，患者の自己決定の尊重に立脚しつつ，自己決定の中には（刑法202条による制約を受けない）防衛的自己決定があるとする考えに立つことにより解決が図られるとする見解である。すなわち，具体的には，ドイツで有力な見解である「作為による不作為犯」という構成に立つことで，刑法上の評価では「治療行為を最初から差し控えること（withhold)」と「開始した治療を中止すること（withdraw)」とは同列におかれるべきであるとの主張である[10]。人工呼吸器の取り外しもまた，それまで継続していた治療から撤退し，患者の現状の人為的な固定から手を引く消極的行為

---

8)　特に，樋口範雄『続・医療と法を考える』（有斐閣，2008 年）79 頁以下が示唆に富む。

9)　尊厳死法は，リビングウィルに法的効力を持たせたり，一定の要件で医師の免責を定めるものではなく，医師と患者のコミュニケーション，患者にとって最善の治療法を目指すものでなければならない。辰井聡子「終末期医療とルールの在り方」甲斐克則編『医事法講座第4巻　終末期医療と医事法』（信山社，2013 年）233 頁。

10)　井田良「終末期医療における刑法の役割」ジュリスト 1377 号（2009 年）83 頁，井田・前掲（注7)「安楽死と尊厳死」80 頁など。

であり，それは，治療（の継続）を求める命令規範の違背行為として不作為に分類される，というのである。この説に立つことで，川崎協同病院事件における抜管という「作為的行為」についてもその正当化が図られることになることから，同説への好意的な評価は少なくないが，単純な比較はできないながら，ドイツでは，このような理論構成とは異なる判例が現れてきていることからも[11]，新たな理論の段階にさしかかっており，今後の展開が期待されるところである。

　また，推定的意思で正当化が足りる間接的臨死介助は日本でも一般に許容され，また，終末期医療で問題となる大部分が医師の介助による消極的臨死介助であることから，自殺関与に関しても，消極的な不作為形態である「消極的自殺関与」という類型化を採用し，違法性判断において正当化の余地を認めようとする説がある[12]。すなわち，自殺関与（幇助）を「自殺患者をその真摯な願望に応じて死にゆくにまかせる不作為による幇助形態という『消極的自殺関与』」と，「致死薬の調合ないし自殺装置の調達による幇助という『積極的自殺関与』」とに分類した場合，「前者は輸血拒否，消極的安楽死，さらには人工延命拒否（尊厳死）に通じるものがあり，当該医師の行為は自殺関与罪の構成要件に該当しても，違法性判断において，治療拒否ないし延命拒否という対抗利益が優越するため，正当化できると考えられる。これに対して，後者の場合には，実質的には積極的臨死介助と差異がなく[13]，正当化は困難であり，場合に

---

11)　ドイツ世話法改正後の後述する 2010 年の Putz 判決がこれである。詳細は，武藤眞朗「ドイツにおける治療中止」甲斐克則編『医事法講座第 4 巻　終末期医療と刑法』（信山社，2013 年）194 頁など参照。

12)　甲斐克則『医事刑法への旅Ⅰ』（イウス出版，2004 年）218 頁。さらに，医師による自殺幇助の法制化を主張する考えもある。すなわち，延命治療の差控え・中止において，それが本人の主体的な行為によるものと判断されうる場合には，それは，ある意味，医師の手を借りた自殺であると評価できるというのである。神馬幸一「医師による自殺幇助」甲斐克則編『医事法講座第 4 巻　終末期医療と刑法』（信山社，2013 年）79 頁以下。

13)　なお，緩和医療によっても避けることのできない苦痛は存在するというのは，ドイツでもわが国でも定説なのであるから，そのかぎりでは，いまだ積極的臨死

よって責任阻却による不可罰が導かれるに止まると解すべきであろう」，というのである。

このように現在わが国では，治療中止に関して刑法的なレベルではその正当化づけの種々の試みがなされ，刑事実務においても，医療実務の運用を尊重して，その処罰化を回避する方策が模索されているのである。

III　ドイツの理論状況[14]

1．これまでの状況

わが国と類似の法体系の下，臨死介助につき同じ悩みを共有するドイツにあって，しかし，具体的な規定において大きく異なるものの1つが，他人の自殺に関与する行為についての刑法的な取り扱いである。日本では自殺関与は同意殺人罪とともに殺人の罪の枠内にあって処罰されるが，ドイツにおいては承諾殺人罪の規定（刑法216条）は存するが自殺関与罪の規定は存在せず，このことから，ドイツにおいては，不可罰である自殺関与・幇助，処罰の対象である承諾殺人，そして両者にそれぞれに境を接する医師による自殺援助行為をめぐって，日本とは若干異なる議論状況が展開されてきたのである。

臨死介助の論議においては，基本的に2つの段階（期間）が区別される。すなわち生物学的な終焉段階とその前の段階がこれである[15]。死の過程にいまだ

　　介助の正当化の問題は重要な課題といえよう。拙稿「医師による自殺幇助の可罰
　　性について」中央ロー・ジャーナル5巻1号（2008年）93頁。

14)　Schreiber, Strafbarkeit des assistierten Suizides? Festschrift fur Günther Jakobs,
　　2007, S. 615ff. 拙稿・前掲（注13）81頁参照。なお，近時の論稿として，鈴木彰
　　雄「臨死介助の諸問題」法学新報122巻11＝12号（2016年）267頁以下，山本
　　紘之「治療中止の不可罰性の根拠について」大東法学23巻1号（2013年）97頁
　　以下参照。

15)　Duttge, Rechtliche Typenbildung, Selbstbestimmung am Lebensende, 2006, SS.
　　36, 52 ff.; Merkel, Aktive Sterbehilfe, Festschrift fur Friedrich-Christian Schröder,
　　2006, SS. 297, 299 ff.

至ってはいないが，病気の過程が不可逆的に臨終のステージに到達したとき，すなわち，生物学的な終焉段階において医師に患者の生命を維持する権利および義務がないことについて意見は一致している。医師の患者に対する義務は，その時点では，尊厳を保ちかつ苦痛を感じさせずに患者に死を迎えさせるところにある[16]。そのような援助（Beistand）は，「臨終の際の，あるいは臨終における助力（Hilfe beim bzw. im Sterben）」と表現されている[17]。

　一方，生物学的終焉段階以前においては，積極的（＝作為による）臨死介助，間接的臨死介助，消極的臨死介助，そして，直接的臨死介助（direkte Sterbehilfe＝生命短縮を目的とした臨死介助）と消極的臨死介助の中間に位置する自殺関与が議論されている[18]。病気の過程が不可逆的な臨終のステージにまだ達してない場合，ベネルクス３国（ベルギー，オランダ，ルクセンブルク）とは異なり，ドイツ，スイス他の国々では，患者の明示的な意思表明の存否にかかわらず，積極的臨死介助については禁止されている[19]。間接的臨死介助，すなわち，モルヒネなどの痛みを和らげる薬物を投与し，その緩和療法の確実な，あるいは，場合によっては起こりうる副作用として結果的に死期を早めるような場合，最新の緩和医療が生命短縮という副作用を有しないかについては，また，その法的構成については種々の見方があるが，現時点では，ドイツやスイスの実務ではこれを不可罰と見なしている。そして，医師が生命維持治療を差し控え

---

16) Tag, Der Korperverletzungstatbestand im Spannungsfeld zwischen Patientenautonomie und Lex artis, 2000, S. 327 f.

17) Tag, Sterbehilfebetrachtet im Lichte des Strafrecht, Vom Recht auf einen menschenwürdigen Tod oder : darf ich sterben, wann ich will ?, Menschenbild und Menschenwürde am Ende des Lebens, 2010, S. 153ff.

18) Tag（フィーヴェーガー陽子・只木誠監訳）「組織的な臨死介助と自殺幇助」『グローバル時代の法律学・国境を越える法律問題』（日本比較法研究所，2011年）65頁。これらの概念の区別は相対的であって，適法と違法，可罰的か不可罰かの境も紙一重であることは，ドイツでも，日本でも共通認識となっている。

19) スイスの連邦評議会も議会も，殺人禁止の緩和を常に拒否してきたという。もっとも，スイス刑法115条では，自殺教唆および幇助は，それが「利己的な動機」からなされたものでなければ，処罰されないとされている。

る，およびこれを中止等することによる消極的臨死介助は，死を惹起させるところの，医療上の救命を行わないことを指していうが[20]，緩和医療の発展に伴って，臨死介助の要件とされうる「耐え難い苦痛」というものが事実上存在しなくなってきており，生物学的終焉段階以前においてはそのほとんどは消極的臨死介助の事例ということになりつつあり[21]，また，安楽死・尊厳死の議論の中心はそこに集約されつつある。最後に，自殺関与である。周知のように，アメリカでは，多くの州において「死ぬ権利」法案が可決され，安楽死が法的に承認され，ベネルクス3国の国々では，積極的臨死介助のほか，自殺幇助も明文で許容されており，スイスでは，自殺幇助は明文で合法化され，フランスでは尊厳死法が整備されているが，一方，ドイツでは，民法の改正によって治療中止の問題を扱おうとした。もっとも，自殺幇助が許されているスイスでは，自殺援助を組織的に行う，いくつかの臨死介助協会が事実上承認されていて，そこには多くのドイツ人が自らの最期をそこで終えたいと移住しており，また，ドイツにも同様の組織が存在する。このような組織に対しては批判も強く，2015年の11月には，イギリス，フランス，イタリアに続き，業として自殺に関わる行為を処罰する法律，自殺援助処罰法が可決されている[22]。

　ドイツの判例の流れをみれば，上述のように自殺幇助が不可罰とされるドイツにおいては，これと可罰的な積極的臨死介助との区別が問題とされるが，両者の区別は極めて相対的である。不可罰的な自殺関与の事例として扱われるべきところ，患者が意識を失った段階では，「所為支配の移転」によって，医師は患者を救うべき保障者地位にあり，したがって医師に不作為の殺人罪が成立するとした Wittig 判決（BGHSt 32, 367ff.[23]）は，多くの批判にさらされ，その後

　20）　ドイツおよびスイスでは，このような構成には，争いがある。かつては，人工呼吸器の取り外しは消極的臨死介助の文脈では不作為と見なされるが，存在論的には通常作為が存在しているとされていた。

　21）　この点については，わが国での同様の認識が支配的であろう。

　22）　拙稿・前掲（注2）654頁以下。この法律案に対しては，ドイツの大方の刑法学者が反対の意見を表明していたところであったが，一方で，多くの医療関係者はこの法律を歓迎している。

は，自殺関与行為は不可罰であるということが Hackethal 判決（OLG Munchen, NJW 1987, 290ff.[24]）や学説においても確認されるにいたった。このような法状況のもと，許容される臨死介助，医師による自殺幇助の要件とその根拠が今も模索されているのである。

　ドイツでは，積極的臨死介助との区別が問題となる治療中止の事例につき，かつては「作為による不作為」として構成することで，211 条（謀殺罪），212 条（故殺罪）のほか，216 条（承諾殺人罪）の構成要件該当性を否定し，行為者の処罰の回避を図ろうとした見解が有力であった[25]。他方，このようななか，2010 年の BGH の Putz 判決（BGHSt 55,191[26]）は，胃瘻チューブの切断を作為と評価し，治療中止には作為・不作為が共存するが，その可罰性にとって，作為か不作為かは決定的でないとし，このことから同判決は構成要件該当性ではなく，違法性のレベルで問題解決を図ったものと評価された。作為と不作為の上位概念としての「治療中止」という概念を創設したとされる同判決は，治療中止の事例で自己決定権に基づく死の権利を強調し，積極的な殺人行為を受け入れたのであるが，これによって，治療中止が，不作為犯構成によらずとも，正当化される余地が認められることとなったのである[27]。同判決以降は，不作為犯構成による解決策からの判例・学説の乖離がみられるが，その背景には，治療中止を含め患者の意思をより尊重する患者の指示書について定めたドイツ民法の世話法の改正によって，患者の自己決定権の尊重がより重きをなすに至

---

23)　拙稿・前掲（注 13）85 頁。

24)　Hackethal 判決は，患者の自己決定権は死に対する自己決定権をも含み，延命措置を拒否する患者の自己決定権は法的にも尊重されなければならないとして，医師には患者を救助する義務はないとした。拙稿・前掲（注 13）87 頁。

25)　Roxin, Strafrecht, AT. Band II, 2003, § 31. Rn. 99f. 115f.

26)　武藤・前掲（注 11）194 頁など参照。

27)　Rosenau/Sorge, Gewerbsmasige Suizidforderung als strafwürdiges Unrecht? Neue Kriminalpolitik, 25. Jg. 2/2013 S. 112．なお，Putz 判決の結論は自己決定権に親和的であるとしつつも批判するのは，Duttge, Strafrechtlich reguliertes Sterben, NJW, 2016, S. 121.

第 2 章　臨死介助・治療中止・自殺幇助と「自己決定」をめぐる近時の理論状況　*45*

ったことが挙げられる。すなわち，立法者は，2009 年制定の患者の事前指示法の規定によって，患者の意思の尊重には拘束力があるとし，しかも，ドイツ民法 1901a 条 3 項は，病気の種類や段階を問うてはいないのである。ここから考えるに，治療中止の事例にこの理が当てはまるならば，立ち戻って真摯かつ十分に考え抜かれた自由答責的な自殺の意思も当然に尊重されるべきことになる。自己決定権は国家の保護義務に対しても自己を貫徹することから，自らの意思に反する保護は，自由答責的な自殺の事例では，基本的秩序と一致しないパターナリズムに陥るとされたのである[28]。

このような判例の推移の中で，現在，ドイツにおいて，自己答責的に行為する患者の自殺における医師の幇助については，その可罰性は否定されるとするのが有力である。そして，一方で問題となる可罰的であるとされる承諾による殺人との相違・区別については，確かに倫理的な差異はわずかであるにせよ，両者は法的には区別されうるとされている[29]。すなわち，不可罰的な自殺幇助は，患者の自己答責性・自由答責性，そして完全な意思の存在によって導かれるという[30]。このような理解が，ドイツ法曹大会刑法部門においても[31]，「自殺の自由答責性の認識を有して自殺を妨げず，その後の救命措置をも採らなかっ

---

28)　武藤・前掲（注 11）188 頁，206 頁。神馬幸一「ドイツ連邦通常裁判所 2010年 6 月 25 日判決（Putz 事件）」法学研究 84 巻 5 号（2011 年）109 頁，甲斐克則「ドイツにおける延命治療中止に関する BGH 無罪判決」『年報医事法学 26』（日本評論社，2011 年）286 頁など参照。なお，ドイツの世話法ならびに判例については，鈴木・前掲（注 14）279 頁以下参照。

29)　Vgl. Deutsches Arztblatt 2005, A 2661.

30)　自己答責性を導くにあたっては，刑法的免責規定からのアプローチを試みる免責理論と，ドイツ刑法 216 条にいう「真摯な嘱託」に依拠する承諾理論がある。後者による場合には，医師の行為に限られないが，患者の自己答責性についての判断能力の有無についての評価は，医師が行うべきである。拙稿・前掲（注 13）88 頁。

31)　Beschlusse des 66. Deutschen Juristentages 2006, Strafrectliche Abteilung, Ziff. IV 1. 66.Deutscher Juristentag 2006, Bericht Strafrechtliche Abteilung IV. 同時に，医師による自殺幇助を（職）業法に違反するとした理解を変更することを提案した。

た者は，可罰的ではない」として共有された点に，注目すべきである。限界状況では，医師の介助する自殺は，刑法上も，職業法上も違法ではないとされたのである。一方，医師による看取りのための連邦医師会原則（Grundsatze der Bundesarztekammer zur arztlichen Sterbebegleitung）の前文は次のように述べている[32]。「医師の任務は，患者の自己決定権を尊重しつつ，生命を維持し，健康を保護し，再び健康にし，苦痛を緩和し，死に行く者を死まで看取ることである。したがって，生命を維持するという医師の義務は，事情によっては存在しない。他の適切な救命措置がもはや示されず，その制限が必要でありうるような事例は存在する。その場合には鎮痛医療的措置が前面に出る。これについての決定は，経済的な考慮に左右されてはならない。……（とはいえ，）積極的臨死介助は[33]，たとえ患者の求めがあったとしても許されず刑罰の対象とされるべきである。医師の自殺幇助は，医師のエートスに反し，可罰的と[34]，[35]なり

32) Deutsches Arzteblatt 2004, A 1298f. ; Deutsches Arzteblatt, Heft 19 vom 7. Mai 2004. Vgl.http://www.bundesaerztekammer.de/fileadmin/user_upload/ downloads/Sterbebegleitung_17022011.pdf 2009年の世話法の改正等にともなって，2011年に「医学的な看取りのための連邦医師会原則」（Deutsches Arzteblatt 2011, A 346f.）と名称が改められたが，基本理念等に変更はない。武藤・前掲（注11）201頁参照。なお，National Ethikrat, Selbstbestimmung und Fürsorge am Lebensende, 2006, 84ff. 拙稿・前掲（注13）93頁。

33) 現在では，「積極的臨死介助」から「患者の殺害」となっている。

34) 右原則は，「患者の意思の確認」として，以下のように述べている。「承諾能力のある患者にあっては，医師は適式に説明された患者によって表明された措置の拒否を，たとえそのような意思が医師の視点からする予測措置や治療措置と一致しなくとも，尊重しなければならない。このことは，既に行われている生命維持措置を停止することにも妥当する。医師は，必要な措置を拒否する患者を助け，患者自らが意思決定につき熟慮することができるように手助けすべきである。承諾能力のない患者にあっては，具体的状況が患者の事前の指示書に示された内容に事後的な変更を加える根拠が認められないかぎり，患者の指示書に示された治療の拒否の意思に医師は拘束される。両親，世話人，あるいは健康問題での代理人のような者がいる限り，その説明が基準となる。代理人は，患者の（場合によっては推定的な）意思を有効とすること，およびその幸せのために決定することを義務づけられている。もし，代理人が医師が必要と判断した生命維持措置を拒

第 2 章 臨死介助・治療中止・自殺幇助と「自己決定」をめぐる近時の理論状況　*47*

うる」，としているのである。

2．自殺幇助，臨死介助および治療中止の不処罰の根拠

(a) 患者の自己決定権と自殺幇助

Hillenkamp によると，あるアンケートによれば，ドイツの医師の 3 分の 1 から半数が，自殺の介助を依頼された経験があるという[36]。死を望む者の明示的かつ真摯な要求のもとであっても，患者の殺害は刑の減軽事由には該当しても，殺人の禁止を打ち消すものではない。身動きができないが意識が明瞭な瀕死の重度心身障害者に対してもその理は妥当するのであり，その場合，生きる権利は，耐えがたい「生きる義務」に変容してしまう[37]。しかし，BGH は[38]，そのような場合の自殺の介助は処罰すべきではないという，国家に向けられた憲法上保障された要求を否定している。これを改める実務上の動きも，立法も存在しない。これを，Hillenkamf は，Kuhl[39] 言葉，すなわち，自殺はカント

　　否するならば，医師は，後見裁判所（現在では，「世話裁判所」：筆者注）に問い合わせなければならない。後見裁判所の決定まで，医師はそれまでの措置を続けるべきである。代理人の拘束力のある説明がない場合には，医師は患者の推定的意思に従って行為すべきである……患者の推定的意思が上述の基準によっても得られない場合には，医師は患者に対して医療上必要とされた措置を行うべきであり，疑わしきは，生命維持にとって有利に決定されるべきである」。

35)　2011 年の改正については，武藤・前掲（注 11）202 頁参照。2011 年の第 114 回ドイツ医師会では，医師のための模範職業規則（MBO）の 16 条において，要求による殺人の禁止に加えて，医師による「自殺介助」の禁止を追加した。Hillenkamp, Arztliche Hilfe beim Suizid - ver- oder geboten, Festschrift fur Kristian Kuhl, 2014, S. 532 ; Neumann, Standards valider Argumentation in der Diskussion zur strafrechtlichen Bewertung von Masnahmen der "Sterbehilfe", Festschrift fur Hans-Ullrich Paeffgen, 2015, S. 323 ; Hilgendorf, Die Autonomie von Notfallpatienten, Festschrift fur Christian Kuhl, 2014, S. 518.

36)　Hillenkamp, a.a.O. (Fn. 35), S. 521.

37)　Hillenkamp によると，すでにこの点を指摘するのは，Berner, Lehrbuch des Deutschen Strafrecht, 8. Aufl., 1876, S. 140.

38)　BGH NJW 2003, 2326ff.

39)　Vgl. Kuhl, Jahrbuch fur Recht und Ethik, 2006, SS. 242, 252ff.

48

においても違法ではなく，自殺に関与することも違法ではなかったが，現在の
ように自殺に関与することを処罰するということになれば，カントのいう道徳
性に反することがらを刑法違反に転嫁することになるという批判を引用し，こ
れに同意している。

Hillenkamp 自身は，医師による看取りを必要としている絶望的な患者を救
うため，また，組織的な臨死介助協会へ追いやることのないように途を開くた
めにも，すくなくとも極限状態においては，刑法上も職業法上も許されるべき
医師による自殺幇助を認めることは，望ましいどころか必要とされるべきであ
るという[40]。そして，それが倫理的にも正当で，医師の使命とも両立しうる
「最後の貢献」であるとしている[41]。

(b) 患者の自己決定権と臨死介助

近時，臨死介助の問題に考察を加えたのは，Neumann である[42]が，彼も患
者の自己決定権の尊重を訴える。Neumman は，（積極的）臨死介助に関してこ
れまでに提出されてきた論証に検討を加える。すなわち，自殺の違法性を肯定
する見解[43]については，生命権から「生きる義務」が導かれるものではなく，

---

40)　Hillenkamp, a.a.O. (Fn. 35), S. 536.

41)　そして，Gavela の以下の命題を紹介している。すなわち「医師が自殺に関与
することは医師の責務ではない。個々の事案において，あらゆる医療措置を尽く
してもなお，十分には緩和されえない耐え難い苦痛に苛まれた患者に自殺幇助を
行うという，医師の良心に基づく決定は，尊重されうるものである」。その際，
医師は，「患者の自殺意思に自由答責性・真摯性・永続性があるかを周到に調査
し，患者の健康状態の確認とその原因の解明を十分に行い，その上で，死という
事象に誠実に関わるということ」に注意すべきである。「これらの義務を履行し
たことは（文書で）証明されなければならない。いかなる医師も，患者の自殺に
関与することを強制されてはならないのである。」Vgl. Gavela, Äerzliche
assistierter Suizid und organisierte Sterbehilfe, 2013, S. 249f.

42)　Neumann, a.a.O. (Fn. 35), S. 317.

43)　BGHSt 6, 147, 153 : BGHSt 46, 279, 285f. 人の生命は基本法の価値秩序におい
て，保護法益の最上位にあり，そして，216 条が意味するように，法秩序は，自
殺への他者の関与を否認するからである，とされている。批判として，
Hillenkampf, a.a.O. (Fn. 35), S. 527ff.

第2章　臨死介助・治療中止・自殺幇助と「自己決定」をめぐる近時の理論状況　*49*

また，生命は最高の価値であるとする主張も，人間の尊厳原則との関係では相対化されるべきであるとし，刑法 216 条をもってする論拠も，同条は自殺行為に関与する規定ではなく，他人の殺人を念頭においた規定であることからも失当であるとする。次に，人間の尊厳の要請から（積極的）臨死介助の禁止を導く考えには，前者から生きる権利を導く推論は成り立たないとし，他方，医師の職業倫理を根拠にする考えには，その前提として，自殺幇助が非道徳的であることの証明が明らかにされなければならないとする。

さらに，論拠としてしばしば挙げられる「自律性」について考察を深め，結論として，Neumann は，「臨死介助の措置を正当化する有力な論拠は，人間の尊厳原則から導かれるところの，人の自律的な自己決定原則に由来するものであり，この論拠によって，とりわけ，死を望む者が自らの生命を自らの手で絶つことができないような場合には，他者の助けを借りてこれを実現することに，法的な可能性を開くべしとの要求が裏づけられる」，としている。そのうえで，このテーゼへの批判，すなわち，第 1 に，苦痛状態にあっては自律性，ないし，自律的な判断は害されているのではないか，との批判には，このような場合でも，患者の判断過程には合理性があり，自律的な判断には瑕疵がなく，緩和医療によっても避けられない苦痛の回避は，臨死介助の十分な動機となりうるとし，第 2 に，生命の終了は自律性そのものの破壊ではないか，という問いには，その場合には，例えば奴隷契約によってその者の自律性が否定される場合のように自律性が毀損されるのではなく，自律性の主体の存在の終了とともに，自律性というカテゴリーがその意味を喪失するのである，としている[44]。そして，このような前提に立って，Neumann は，（積極的）臨死介助の事例に，ドイツ刑法 34 条（正当化的緊急避難）の適用の可能性を問うている。

すなわち，刑法 216 条の構成要件該当性が肯定されるならば，当該行為を正当化すべきかが考えられなければならないが，同法 34 条の正当化的緊急避難の適用については，2 つの留意すべき点があるとする[45]。1 つは，臨死介助に

---

44)　Neumann, a.a.O. (Fn. 35), S. 324f.

45)　Neumann, a.a.O. (Fn. 35), S. 327ff.

あっては，法益の担い手それ自体の存在が喪失することになることから保全利益が存しないのではないか，すなわち，「死への手助けを通じて死を望む者を救助する」ということは，規範論理的にも矛盾であるといわれている点である[46]。これについては，集団強姦から性的自己決定という利益を守るために，あるいは，残酷な拷問から身体の完全性という利益を守るために死を選択する場合と同様，現に生きている患者を耐えがたい苦痛から解放するという点に保全利益をみいだすことができるとしている。その2つめは，被侵害利益がないのではないかというものであるが[47]，これについては，結論を避けつつも，病苦にあえいでいる者には自身の生命を終わらせる利益のみがあるのであるから，そこに被侵害利益はないとして，違法性の段階以前に構成要件該当性が否定されていると理解するか，あるいは，死を希望する者にも法益は観念できるとして，ないし，殺人の禁忌という公共の利益を観念して，構成要件該当性を認めた上で刑法34条を肯定するか，2つの選択肢があるとまとめている。

(c) 患者の自己決定権と治療中止

(i) 治療中止を刑法34条の正当化的緊急避難で正当化する見解

わが国では，上述のように，事前の延命治療の差控えを許容しているのに比して，延命治療・措置の中止については極めて抑制的であることが問題となっている。治療行為・延命治療の中止は許されるのか，許されるとして，その根拠と要件は何かが問われている。

現在のドイツにおいて，治療中止に関する正当化については，正当化的緊急避難によるのが多数説であろうと思われる。その論客の1人，Sinn[48]は，Roxinに代表される「作為による不作為犯構成」を批判しつつ，治療中止の正当化をドイツ刑法34条の正当化的緊急避難に求めて以下のように主張する。

---

46) Ingelfinger, Grundlagen und Grenzbereiche des Totungsverbots, 2004, S. 249ff. 反対意見として，Merkel, Fruheuthanasie, 2001, S. 197 ff.

47) Ingelfinger, a.a.O. (Fn. 46), S. 253.

48) Sinn, Systematischer Kommentar zum Strafgesetzbuch, 8. Aufl., 2013, § 212 Rd. 28, 51f.

第2章 臨死介助・治療中止・自殺幇助と「自己決定」をめぐる近時の理論状況　51

　すなわち，延命機器を停止する医師もそれ以外の第3者も不作為，すなわち，（生命維持に義務を負わないことから処罰されないところの）救助行為から手を引くことをしているわけではない。むしろ，患者の具体的な死を作為によって導き，そのような介入がなければなお生き続けたであろう生の時間を短縮したのである。不作為犯構成は，刑法216条にしたがった可罰性を排除するためのトリックであり，理論的にも技巧的である。そのことは，上述のPutz判決においても確認されている。すなわち，投薬や人工呼吸器による患者の生命維持は，作為による救命行為を意味し，薬剤を投与せず，治療を行わない，とりわけ人工呼吸器の取り外しなどの技術的な治療中止など，生命維持措置の停止は，上記のような作為による生命維持の中断を意味する。すなわち，作為による生命短縮なのである。Putz判決もこれを明示的に確認する。器具のスイッチを切ったのかそれとも入れなかったのかという基準は，正当化の問題にとって重要である。具体的には，治療中止は，それ以上の治療を行うことにつき，承諾能力のある患者による有効な承諾が欠けており（場合によっては，その不承諾が理に合わないものであったとしても[49]），したがってさらなる治療が身体に関する自己決定権の侵害である場合に許容され，同時に，必要とされる[50]。死への過程がすでに始まっているか否かは重要ではない[51]。医師による治療権の消滅によって，医師の生命延長義務もなくなる[52]。医師は，救命措置を望まず，確実な死を甘受する，患者の自己決定権を尊重しなければならない[53]。BGHは

---

49)　Vgl. BGHSt 11, 113 ; Schroth GA 2006, 551 ; Neumann, Nomos-Kommentar, 3. Aufl., 2010, Vor § 211 Rn. 107. 医師がなおも治療を行えば，傷害罪の成立がありうるという。ドイツでは，患者の意思に基づかない場合の専断的治療行為が広く議論されている。

50)　Vgl. Schonke/Schröder/Eser/Sternberg-Lieben, StGB, 29. Aufl., Vor §§ 211ff. Rn. 28 ; Schreiber, Behandlungsabbruch und Sterbehilfe, Lebensverlangerung aus medizinischer, ethischer und rechtlicher Sicht, 1995, S. 140f.

51)　Fischer, StGB, 63. Aufl., Vor §§ 211-216 Rn. 32ff. もっとも，この点については，見解の対立があるという。

52)　Hacketahl判決・前掲（注24）参照。これに対する批判として，Schönke/Schröder/Eser/Sternberg-Lieben, a.a.O. (Fn. 50), Rn. 28.

52

臨死介助に関する上記の判決で，患者の現実の意思を考慮した人工延命治療の中止を，消極的臨死介助とみなし，合法であると判示している[54]。作為義務のない者による合意に基づく治療中止は，不可罰であるが，それは，患者の自己決定権に従っているからであり，その理論的根拠は，同法 34 条によるべきものと考える[55]，と。

(ii) 治療中止を患者の承諾の理論に求める見解

これに対して，治療中止の正当化について，ドイツ刑法 34 条を援用する見解を批判しつつ，Duttge は承諾論に正当化の根拠をみいだすべきであるとする。

Duttge は，いう。概念的には，Putz 判決とは異なるが，「治療中止」という用語ではなく，「療法（Therapie）制限」という用語を用いるべきである。実際には，治癒を目的とする（kurativ）治療から緩和治療へ移行するにもかかわらず，治療中止という用語は，なんらの治療も存在しないとを意味することから，事実上も法的にも，誤解を与えやすいからである。療法制限という概念は，規範的には，禁止されているところの，刑法 216 条の要求に基づく積極的な殺人との関係で新たな限界づけが必要となってくる。というのも，刑法 216 条の行為も，概念上は，積極的かつ直接的に行われた「治療中止」と理解されうるからである，と。では，どのように許される治療中止と可罰的な治療中止を区別すべきであろうか[56]。

---

53) BGHSt 32, 378；BGHSt 37, 378；40, 262. その際考慮されるべきは，現在の意思であり，現在の気持ちとは反する患者の指示書ではないとされている（患者の指示書に対する患者の意思の優先）。

54) BGH, Urt. v. 25.6.2010-2 StR 454/09, Beck RS 2010, 19314, Rn. 17.

55) Schneider, Munchener Kommentar, Bd. 4, 2. Aufl., 2013, Vor §§ 211ff. Rn. 111. なお，医師のみが行いうるとするのは，Jahnke, Leipziger Kommentar, Bd. 5, 11. Aufl., 2005, Vor § 211 Rn. 20.

56) Duttge, MedR 2011, 36ff. なお，Putz 事件では，これまでの許容されない積極的臨死介助と許容される消極的臨死介助との区別という立場を放棄し，治療関連性（Behandlungsbezogenheit）があるか否かで区別されているとされている。武藤・前掲（注 11）198 頁。

第2章　臨死介助・治療中止・自殺幇助と「自己決定」をめぐる近時の理論状況　*53*

支配的見解には反するが，医的侵襲（医師による治療的侵襲）を行わないことのみならず，生命維持あるいは延命する療法を行わないことも，正当化される必要がある。他方で，療法が医学上も必要で患者の意思に沿う場合は，さらにこれを継続すべきであろう。さもなければ，医師は，救助の不履行か，場合によっては，不作為による殺人として可罰的となる。この決定的な緊張関係は，疑わしい場合には，さらなる治療を行わないことによって解消されるべきではない。重要なのは，許される生命救助が違法な生命救助に，必要とされる致死行為が可罰的な致死行為になる，その正しい限界を明らかにすることである[57]。

療法制限（治療中止）は，行われている療法の継続が，あるいは新たな療法の導入が，もはや患者の意思に基づかない場合には，常に必要となる。致死的な病気にある患者にあっての正当化事由は，したがって自己決定権の表現としての承諾か推定的承諾かであるが[58]，これに対して，刑法34条の正当化的緊急避難は，当該個人における，すなわち，同一法益主体内の法益の衝突の事例では，はじめから適用外である。正当化的緊急避難は，個人と個人との間の法益の衝突の事例にのみ妥当するからである[59]，と Duttge は続けている[60]。

---

57)　Duttge, Das geltende Sterbehilferecht in Deutschland, Human Dignity at the end of life, Ethical, medical, sociological and juridical aspects, 2016, (im Erscheinen).

58)　承諾無能力者の患者の意思については，現行法における対応で十分である。代理人（健康に関する被委任者あるは世話人）によってその意思は確認され，実現される。患者の推定的意思への拘束は，誤解に基づく，あるいは，代理権の濫用による他者による決定から，患者の意思を保護するものである。コミュニケーション能力のある者の「自然的な意思」には，承諾能力の要件を満たしていなくても，独自の重要性が与えられなければならない。このことを連邦憲法裁判所は，精神病患者に対する 2011 年の 2 つの判決（BVerfG NJW 2011, 2113 ff. und 3571 ff.）において承認したが，Duttge は，このような認識は終末期にある患者の事例にも転用されるべきである，としている。Duttge, a.a.O. (Fn. 57).

59)　この問題については，山中敬一「臨死介助における同一法益主体内の利益衝突について」近畿大学法学 62 巻 3 ＝ 4 号（2015 年）265 頁以下参照。

60)　Vgl. Duttge, Handkommentar Gesamtes Strafrecht, 3. Aufl. 2015, §34 Rn 9；derselbe, JZ 2015, 43ff.

なお，Hilgendorf も同様に，医療上の緊急状態下にある患者の自律性につい
て論じる論稿の中ではあるが，医的侵襲の正当化は，承諾理論によるべきで，
緊急避難の法理によるべきではなく，このことは，治療拒否にも当てはまると
している[61]。

すなわち，患者は，自己の法益への侵襲を許容するか，許容するとしてどの
ような方法でか，を自ら決定する。したがって，医師には「治療の自由」など
というものは存在せず，患者の希望に従わないことは許されないのである。た
とえ，その患者の決定が，医学上是認できないとか，あるいは，理性的な判断
とはいえないように思われる場合であっても，である。すでに Beling も，こ
のことを「患者に対する理性の高権」はないと，的確に述べているのであ
る[62]。患者の自律は，その患者が救命処置を拒否している場合であっても，尊
重されなければならない。それが──宗教的な理由であれ，世界観に基づくも
のであれ──どのような理由づけによるものであっても，である[63]。

推定的承諾は，患者の明示による，あるいは黙示（konkludent）の意思表示
に比して，常に補充的なものでなければならない。患者の真意が明らかである
場合には，推定的承諾を論じる余地はない。しかし，推定的承諾は，刑法34
条の正当化的緊急避難よりも優先するのである。その根拠は，推定的承諾によ
れば，正当化的緊急避難に依拠するよりも，より適切に患者の自律を考慮する
ことができるという点にある。というのも，正当化的緊急避難の利益衡量にあ
っては，たしかに当該患者の意思は考慮されるが，しかし，それは予想されう
る多くの観点の１つに過ぎないからである。「正当化的緊急避難は，自律性の
原則に基づくのではなく，人間相互間の連帯思想に基づくものである。他者の
利益に対する侵襲が正当化的緊急避難の思想に基づいて許されるのは，その侵
襲が自身の利益の保護のために必要であって，保全利益が侵害利益に著しく優
越する場合である[64]」。また，刑法34条のもと，当該患者の意思は，他の推

---

61) Hilgendorf, a.a.O. (Fn. 35), S. 509.

62) Beling, ZStW 44, 1924, 239.

63) Hilgendorf, a.a.O. (Fn. 35), S. 512f.

定的に「より合理的である」観点，あるいは道徳的に優先すべき観点により無視されてはならないのである。「医師が患者の意思（例えば，輸血拒否の意思：筆者注）を非理性的あるいは非合理的であると考える場合でも，治療をする者は患者の意思に拘束されるのである[65]」。

IV　おわりに

　ドイツでは，自己決定権に基づく治療行為の中止，自己答責的な自殺に関与する医師の行為についてはこれを犯罪としないという方向性が国民各層の議論の中で生じており，また，近時の判例や患者の事前指示法によってもこの動きは確認される。このような流れは今後ますます趨勢を得ていくであろう。生物学的終焉段階以後の場合にはもちろん，それ以前の段階におけるすべての臨死介助も——そのほとんどが消極的臨死介助ではあるが——，自己答責的な自殺幇助についても，不可罰とする方向にあるのである。判例も立法も，このような推移のなかにあることは本文で示したとおりである。すなわち，治療中止については，患者の意思に基づくかぎり，病気の種類や段階を問わず，死への過程がすでに始まっているか否かを問わず，また，あるいは，作為・不作為のいずれによる場合でも，これを治療行為の１つと解することで正当化をはかろうとしており，ここでは，自己決定権は国家の保護義務に優先し，患者の意思に反する治療は，むしろ専断的治療行為として，刑法 223 条の傷害罪の対象となりうるとされているのである。このような認識は，法曹大会においても，連邦医師会においても，一般に承認されている。なるほど，治療中止の正当化につ

---

64)　Hilgendorf は，正当化的緊急避難よりも推定的意思という法形象による正当化が優先されることは，近時の立法をみても明らかであるとして，その例として，延期できない医療的処置に対する承諾の事例につき，患者の推定的意思（のみ）が参照されると明示するドイツ民法 630d 条を挙げている。Hilgendorf, a.a.O. (Fn. 35), S. 512ff.

65)　Hilgendorf, a.a.O. (Fn. 35), S. 514.

いては，刑法34条の正当化的緊急避難の法理に根拠を求める見解と，被害者の承諾の法理に基礎をおく見解があるが，いずれにおいても，患者の自律に基づく自己決定権と，それによる医師の治療義務の喪失が確認されている。それぞれの論拠には，きわめて有益なものをみるのである。

　自殺援助処罰法制定などの動きはあるにせよ，ドイツにおいて治療中止や医師の自殺関与行為の不処罰化の傾向は止まらないであろうことを思えば，わが国においても，来るべき国民の意識の変容に備えて，終末期医療におけるチーム医療体制の構築や医療コーディネーター関与体制の充実などとともに，治療中止や尊厳死，さらには医師による自殺関与の問題についても，これをいかにすべきか，そのガイドラインの策定およびその終末期医療の実務における定着，それに基づく医療中止等の措置についての刑事司法側における尊重などが，いっそう望まれているというべきではないかと思われるのである[66]。具体的には，治療中止については，上記「患者の自己決定」と「治療義務の限界」という2つの基準を治療行為の中止の正当化の根拠とすべきであり[67]，各ガイドラインに則ることで少なくとも医療行為における刑事訴追が回避されるような環境整備がなされるべきであろう。そのためには，わが国では，まず，リビングウィルの明示という文化を根付かせることが重要であり，その普及によって，医療現場においてもリビングウィルを尊重することが一般となっていき，それがさらに国民の間に共通の認識として浸透することが期待されるのである。

　もっとも，その前提として，いくつか確認されるべきこともある。まず，憲法13条を根拠とする患者の自己決定権から臨死介助にかかる諸問題を解釈することは基本として必須であろう。東海大学事件でも，最高裁では，患者の自

66）　樋口・前掲（注8）79頁参照。ガイドラインとしては，厚生労働省のガイドライン，日本救急医学会のガイドラインなどがある。

67）　なお，患者の自己決定権のみによる正当化の問題性については，辰井聡子「治療不開始／中止行為の刑法的評価」明治学院大学法学研究86号（2009年）57頁以下参照。

己決定の理論ならびに無意味な延命治療は義務ではないとする医師の治療義務の限界という点に，治療中止の法的根拠が求められた。もっとも，自己決定を議論の前提とするときには，自由な意思に基づいた自己決定権が行使される状況が整っていることが肝要であり，「強制的あるいは義務的な自己決定」とならないように，周到に配慮しなければならないであろう。

　また，自己決定は，真意に基づくものでなければならない。自殺幇助を一定の要件の下で非犯罪化しようとするドイツにおいても，自殺者の自己答責性の問題が議論の俎上に上がっている[68]。彼の地では，70 年代には年間およそ17,000 件の自殺事例があったが，現在では，暗数や未遂事例を除き，約 11,000から 12,000 件といわれているところ[69]，自殺に関する研究によれば，自己答責的な自殺はむしろ例外的なものに属するということである。自殺のおよそ 3 分の 1 は完全な精神病の結果であり[70]，残余についても，ノイローゼなどが原因であることが多いという[71]。また，うつ病の割合は，自殺者の全体の 60 〜 95％を占めるとも報告されている[72]。国家倫理委員会の立場表明でも，大部分の自殺は，統合失調症やうつ病など，病的な精神的障害に基づき生じているとされている[73],[74]。ドイツの議論で夙に強調されているように，患者の真意による

---

68)　Schreiber, a.a.O. (Fn. 14), S. 616f.

69)　Nationaler Ethikrat, a.a.O. (Fn. 32), S. 78ff.

70)　Janke, a.a.O. (Fn. 55), Vor § 211 Rn. 27ff.

71)　自殺は必ずしも本人の完全なる自由意思によるものではないことについては，わが国でも一般的な認識であろう。平野龍一「生命の尊厳と刑法─特に脳死に関連して」ジュリスト 860 号（1986 年）41 頁参照。

72)　Janke, a.a.O. (Fn. 55), Vor § 211 Rn. 27.

73)　Nationaler Ethiklat, a.a.O. (Fn. 32), S. 78f. ; Janke, a.a.O. (Fn. 55), Vor § 211 Rn. 27ff. Schreiber は，通常自殺者はこのような状況にある。かかる自殺は，回避されるべき不幸な事例であり，死は，彼らによって真摯に望まれたのではなく，助けを求める声として理解されうるのである，としている（拙稿・前掲（注 13）84頁）。Hilgendorf も，自殺幇助に関して，自殺の意思は，長い時間をかけた熟考の後にはじめて「適正」なものとなるが，実際には，そのような熟考に基づく自殺意思が認められるのはまれでしかないという。Hilgendolf, a.a.O. (Fn. 35), S. 518.

74)　Nationaler Ethikrat, a.a.O. (Fn. 32), S. 79.

58

意思決定であるかについては，医師による周到な確認がなされなければならない。

　さらに，自己決定権に基づく患者の意思がドイツでは重視されているところ，その確認の際に重要となる患者の指示書について，以下のような指摘がなされている。すなわち，患者の指示書は，実際のところは患者の意思の真の表現でもなければ，法的安定性の要請を満たすものでもない，という点である。というのも，それは不可避の構造上の欠陥をもっているからである。つまり，「療法についての患者と医師との良好な関係（療法パートナーシャフト）」という理想像はありながらも，答責的な療法決定の２つの中心的な基礎，すなわち患者の一身専属的な価値のレベルと医療上の専門知識は，事実上両立しない。医療上の理性を見出すべきところでは，必然的にそれが優先することになり（医師によるパターナリズム），患者の価値のレベルが強調されると，医療上の理性は後退することになる。ドイツでは，──インフォームドコンセントの原則とは異なり──医師の説明や患者の指示書の起草の前の相談というものを義務とはしておらず，したがって，「患者の指示書」は実際には，「現実にそぐわない自律──プラシーボ」となっているのである。「自律」は，本来の意味では，他者の配慮や援助を排除するのではなく，それを含むべきものである。ドイツで近時いわれ始めた，いわゆる「人生会議（Advance Care Planning）」についての議論は，このような見解に導かれたものであるが，意図されているのは，患者の指示書という１回の行為ではなく，患者と担当医師との連携においてなされる，継続的な準備計画という構造上のプロセスの重視であり，したがって，病状進行や患者の意思形成の変化にあって最新のものに適切に対応することなのである[75]。

　そして，上記の指摘は，いうまでもなくわが国の患者の意思の確認に際しても妥当するものであろうと思われる。そして，わが国において，自己決定の尊

75）　Duttge, Disziplinubergreifende Regulierung von Patientenverfugungen : Ausweg aus der strafrechtlichen Zwickmuhle?, Patientenverfugungen, 2008, S. 185 ff. ; derselbe, JZ 2015, 43 ff.

重を基礎とした，治療中止の正当化等の臨死介助をめぐる諸問題については，実は，その解決を模索する端緒についたばかりともいえるのであり，今後，われわれは，課題の１つ１つに，真摯に，かつ時間をおくことなく向き合っていかなければならないと考える[76]。

76）　最後に，医療の現場の声を，一部，紹介しておきたい。すなわち，現場にあって，脳死をもって人の死と考えるかについては，現状では，最後の心停止まで，まだ身体が温かいうちは，死体とみなすことはしないという。例えば，自発呼吸ができない脳死患者の人工呼吸器を取り外したり，それをすることによって明らかに気道が狭まり息が苦しくなるであろう場合，患者の気管挿管を抜いたりすることはしないという。そして，リビングウィルの文書があり，家族も承諾しているとしても，脳死に至っているとの判断のもと法律やガイドラインで許されているとしても，直ちにその場で治療行為を中止することもまたしないであろうという。様々なケースにあって，いずれの場合も，患者本人の見た目の様子や家族の疲労，また本人や家族の不利益等々を考え，家族と相談しつつ，最終的な治療中止という選択へと向かうのが一般であるというのである。いわく，「医療者の仕事は，あくまで患者自身の意思を尊重し，患者自身の力に任せるという観点から，それによって自然な死を迎えられるような『環境作り』を行うことである」と。患者と医療者の双方に利する法的な環境作りが急がれるところである一方，医療の現場においては，悩みつつも患者やその家族を第１とした対応を模索していることがうかがえる言葉である。https://www.youtube.com/watch?v=lejV7bkBZaA

第 3 章

臨死介助協会と自殺援助処罰法

——ドイツおよびスイスの現状——

I は じ め に

　わが国では，緩和医療の発展によって，臨死介助（安楽死）の是非の議論から，緩やかにこれを認める方向のもと，現在では尊厳死，消極的臨死介助（治療中止），間接的臨死介助の問題へと，議論の中心の変容がみられる。

　一方，ヨーロッパ，とりわけドイツに目を向けると，2015 年の 11 月に，メルケル首相やキリスト教民主同盟（CDU），宗教界からの支持を得て，イギリス，フランス，イタリアに続き，業として患者の自殺に関わる行為を処罰する法律（以下「自殺援助処罰法」という。）が可決された。この法案[1]に対しては，ドイツの大方の刑法学者が反対の意見を表明していたところであったが，一方で，処罰の対象とされるのは通常は医師であることになるにもかかわらず多く

---

　1)　この法案は絶対的多数によって支持されたわけではない。賛成する議員の数はようやく過半数に達したものであった。なお，同時にこの件に関する他の法案は否決されたが，それらは，① 自殺教唆・幇助を全面的に禁止し刑の長期を 5 年とするもの，② 民法の規定によって，不治の病にある患者の苦痛除去の意思などを要件に，医師による自殺援助を許容するとするもの，③ 営業的に行われないかぎり，患者の病状に関わりなく，医師の自殺幇助を認めるとするもの，である。https://www.das-parlament.de/2015/28_30/titelseite/-/382448；https://www.bundestag.de/dokumente/textarchiv/2015/kw45_de_sterbebegleitung/392450；http://www.lto.de/recht/hintergruende/h/gesetzgebung-sterbehilfe-tatbestandsmerkmale-analyse/

の医師はこの法律の制定を歓迎している。

　ドイツでは，臨死介助に関しては，消極的・間接的臨死介助は以前から認められており，積極的臨死介助についても，一般に禁止はされつつも，わが国よりは肯定的に受け止められる傾向にある。その理由として，わが国とは異なり，これまで自殺関与が処罰の対象となっていなかったことが挙げられよう。また，ベルギー，オランダ，ルクセンブルクのベネルクス３国では周知のように広く積極的臨死介助が肯定されており，スイスでは，自殺介助を組織的に行う，いくつかの臨死介助協会（自殺介助協会）が事実上承認されていて，自らの最期をそこで終えたいと移住している多くのドイツ人の存在もあり，ドイツにも同様の組織が存在する。もっとも，そのような組織において，営業的な目的と結びついたと考えられる，ないし業として行われる医療行為については多くの批判もあり，先に述べた法案の提出はそのような批判の表れともいえよう。すなわち，そのような，営業的に人の死に関わる行為は医師の職業的倫理に反するのではないかという懸念が表明されてきたのである。

　本稿は，わが国の安楽死・尊厳死の今後の議論のために，ドイツおよびスイスにおける右議論を紹介しようとするものである。とりわけ，臨死介助と自殺援助をめぐる現状や，ますます問題が顕在化してきた臨死介助協会の存在をTag 論文[2]を介して紹介し，さらに，組織的な自殺援助を一定の場合に禁止する新たな処罰規定，自殺援助処罰法を，それへの批判を踏まえつつ，紹介しようとするものである。

II　臨死介助と自殺幇助

　現在，終末期医療の技術や医薬品の開発が進むにつれて，多くの人の中では，おおよそ自由で自己決定できた人生の末に，医学的な治療と医療器械に無

---

2)　Tag（フィーヴェーガー陽子訳・只木誠監訳）「組織的な臨死介助と自殺幇助」『グローバル時代の法律学・国境を越える法律問題』（日本比較法研究所，2011年）57 頁以下参照。

力に身をゆだねなければならないという恐怖感が増しているといわれているが，これが組織的な臨死介助の問題をめぐる1つの背景であるとTagは分析する[3]。

　ドイツやスイスにおいても，わが国と同様，生物学的な終焉段階以前の区分において，間接的臨死介助とは，死に至る者に対して医学上必要な鎮痛措置を施すことで，意図的ではないにせよ，しかしやむをえないと考えられるところの間接的効果として不可避的に生命を短縮し，死期を早めることをいう。また，消極的臨死介助とは，措置の差し控え・減弱ともいい，死に直面している患者に，苦痛を長引かせるような生命維持に向けた措置（延命治療）を開始しないこと，あるいはこれを終了することであり——その意味で，現在では，「治療行為の中止」（尊厳死）ともいう——，間接的臨死介助ならびに消極的臨死介助の場合には，医師には法的な義務は発生しないとされている。これに対して，積極的臨死介助とは，死に瀕している患者の生命を，その精神的苦痛緩和ないし除去を目的として，意図的・故意的に断絶することをいう。ベネルクス3国とは異なり，ドイツやスイスでは，積極的臨死介助については，患者の承諾があっても許容しないという立場に立っている。一方，生物学的終焉段階以後の区分にあっては，医師に患者の生命を維持する権利ないし義務はなく，患者の苦痛を緩和・除去し，尊厳ある死を迎えさせることのみが医師の務めであるとされている。

　ところで，医師には，治療を引き受けたならば，保障人として，医療基準に基づいて患者の生命を維持する義務があるが，一方で，判断力のある患者は，自らどの治療を行い，どの治療を行わないかを決定することができる。患者の意思の尊重の度合いは国によって異なるが，「病気への自由（die Freiheit zur Krankheit）」[4]，人間としての尊厳を保ちつつ死を迎える権利，また「死への権利」[5]が「人権と基本的自由の保護のための条約：欧州人権条約（Europäschen

---

3)　Tag・前掲（注2）61頁。

4)　BVerfG NJW 1998, 1774 f.

5)　BGE 133 I 58, 66 ; BGHSt 37, 376, 378.

Menshenrechts Konvention：EMRK）」によって保障されているという点について
はヨーロッパ諸国における理解は一致している。その国の法律によって自殺行
為が処罰されない限りにおいて，患者には自身の命をいつどのように断つか決
定する権利があるということであり，患者が延命措置を拒否すれば，この決定
によって医師の患者に対する義務は生命保持から看取り（Sterbebegleitung）へ
と代わることになる。医師が患者の意思に反して延命措置をすれば，ドイツと
スイスでは，「専断的医療行為（侵襲）は傷害罪にあたる」とみなされ，この
点が終末期医療の問題を検討する際の重要な視点となっている[6]。

　積極的臨死介助と消極的臨死介助を直線上の対極とすれば，本稿で問題とす
る自殺幇助はその中間に位置する[7]。日本では，嘱託・承諾殺人のほか，自殺
関与も処罰の対象となるが，ドイツおよびスイスでは，自己決定による自殺お
よび他者によるその幇助は罰せられていない。というのも，ドイツおよびスイ
スでは，共犯行為の従属性は正犯行為が存することをその要件としているとこ
ろ，自己決定による自殺においては，まさに，正犯たるの行為性がそこに認め
られないとされているからである[8]。とはいえ，スイスでは，刑法115条によ
って，自殺教唆および幇助は，それが「利己的な動機」からなされたものであ
れば処罰される[9]。例えば，物質的な，個人的利益を求めていることが動機と

　6）　Tag・前掲（注2）68頁。Kunz, Sterbehilfe, Festschrift für Stefan Trechsel
　　　zum 65. Geburt- stag, 2002, S. 613, 620 f.

　7）　Tag・前掲（注2）69頁。従来の用語例に対して，国家倫理委員会は，消極的
　　　臨死介助には「死に至ることに任せること」，間接的臨死介助には「終末期にお
　　　ける治療」，自殺（Suizid）に関する幇助（Selbstötung）には「自殺に関する幇
　　　助」，積極的臨死介助には「要求に基づく殺人」，という用語をそれぞれ提唱して
　　　いる。Glück, Die aktuelle Debatte, Höfling/Rösch（Hrsg.）Wem gehört das
　　　Sterben? 2015, S. 12. なお，臨死介助に関するドイツの学説・判例を詳細に紹介
　　　する近時の論稿として，鈴木彰雄「臨死介助の諸問題」法学新報122巻11＝12
　　　号（2016年）267頁参照。

　8）　Vgl. z.B. BGH NJW 2001, 1802.

　9）　Kangarani, Das neue Verbot der"geschäftsmäßigen Suizidförderung"im
　　　StaStrafgesetzbuch, Forum für neue kulturelle Dimensionen 1 2016, S. 48. 神馬幸

なっている場合である[10]。自殺が罪にならなければ、それが毒薬やヘリウムなどの調達などの作為であるか、あるいは、死を望む者が致死量の毒薬を服用したと知りつつその近親者、または臨死介助協会の職員が助けを呼ぶなどの救命措置を行わない不作為によるものかによらず、その援助が犯罪となることはない。手助けをする者が自殺行為を支配する立場になかったことが、常に犯罪不成立の不可欠の条件となるのである。これに対して、自殺のための毒薬等を調達した者または手助けをした者が死への経過を支配するに至れば、その時点から罪に問われることになる。例えば、患者および死を望む者が、自身で毒薬を飲んだり注入したりできないためその動作を助けたりする場合がこれである。この場合、手助けをする者は、事実上、結果について（共同して）所為支配することになり、共犯者の役割ではなく、正犯となる。

III 臨死介助協会

1. 臨死介助協会の誕生とその後の状況

今日では、世界の数か国では、死をもたらす措置をとることは比較的容易になったといわれている中、スイスではいくつかの民間の臨死介助協会が活動しており、専門的に自殺の手助けをしている。Tag は、臨死介助協会の組織が、可能な限り簡単な「自由な死」（Freitod）を求めて広がりつつあった声に応えるように設立されたことを紹介している。すなわち、現在の臨死介助協会の広がりは、ごく最近のものではなく、その始まりは 1980 年代に遡るとされている[11]。スイスで 1982 年に、臨死介助協会、Exit-Deutsch Schweiz および Exit-

---

　　一「医師による自殺幇助」甲斐克則編『医事法講座第 4 巻 終末期医療と医事法』（信山社、2013 年）85 頁、90 頁。

10)　Riklin, Die strafrechtliche Regelung der Strebehilfe, Adrian Holderegger (Hrsg.), Das med- izinisch assistierte Sterben, 2. Aufl., 2000, SS. 322, 324.

11)　Hirsch, Behandlungsabbruch und Sterbehilfe, Festschrift für Karl Lackner, 1987, S. 597 ff. ; Roxin, Anmerkung zu BGH, NStZ 1984, SS. 410, 411 f. 神馬幸一「組織的自殺介助問題を巡るスイスの議論状況」静岡大学法政研究 13 巻 2 号（2008 年）

Suisse Romande（エクジット・フランス語圏）が設立されると，これに 1998 年に Dignitas，2005 年にそのドイツ支部 Dignitate が続き，その後 Sterbehilfe Deutschland e.V.（臨死介助ドイツ協会）も加わり，1997 年にはオーストリアにて Exit-International が設立された。それと同時に，活動が次第に職業化されつつあるなか，会員数は増加傾向にある[12), 13)]。

なかでも Exit-Deutsch Schweiz は会員の増加が著しく，その数は 2016 年には 10 万人を超え，Exit-Suisse Romande は，会員が 2 万数千人である。この 2 つの組織はスイスで居住許可を有する者のみが会員となれるが，そのほか，外国人へのスイス国内での「自由な死」の提供を掲げて，国籍を問わず約 70 カ国から会員を集める Dignitas は，現在 7 千人の会員を有する。そのほか，Exit-International は，ほとんどがドイツ人で，会員数は約 700 人といわれている。現在，Exit-Deutsch Schweiz は年間 500 件の自殺の看取り（Freitodbegleitung）[14)]，Dignitas は，年間 200 件以上の自殺の看取りを行っている。Dignitas は外国人が登録者の 90％を占めるが，自殺介助の対象の半分がドイツ人である[15)]。2015 年には日本人に対する初の自殺介助が報告されている[16)]。

さらに，ベネルクス諸国では，そのプロセスは厳しく規制されているが，許される臨死介助が積極的臨死介助まで拡大された。もっとも，その他のヨーロッパの国々では，臨死介助協会はまだあまり拡がってはいないが，臨死介助の道が閉ざされているという訳ではない。例えばイギリスでは，自殺介助法案

---

440 頁以下参照。

12) Tag・前掲（注 2）62 頁以下。

13) Bosshard, Trends in der Entwicklung der Suizidbeihilfe in den deutschsprachigen Ländern, 2015, S. 8.

14) https://www.youtube.com/watch?v=lejV7bkBZaA Exit 全体で 2015 年には約 1000 件にのぼる。Exit と比較して，Degnitas は，自殺希望者の判断能力や意思の確認を含め，自殺幇助に至る手続きが簡素である点が指摘され，また，批判されている。

15) http://www.dignitas.ch/images/stories/pdf/statistik-ftb-jahr-wohnsitz-1998-2015.pdf

16) ibid.

（草案）はいまだ可決されていないとはいえ，末期状態にある患者自身の責任によって死を選ぶ場合，医師が積極的に手を貸すことは許容されている[17]。しかし，それにもかかわらず，多くの人は，臨死介助協会のサポートを得るためにスイスへ入国しているのである。

このようななか，Dignitate の活動の活発化に反応し，ドイツでは規制を求める声が高まり，連邦レベルでも，いくつかの州で法案が出されるに至った[18]。自国への「安楽死ツアー（Sterbetourismus）」が1つの要因となって，スイスでも，臨死介助協会をより厳しく監視できないかという議論が行われるようになり，既に 2005 年には，国家倫理委員会（Nationale Ethikkommission）が国家による有効な監視を要請したが，それにもかかわらず，連邦司法省（Bundesamtamt für Justiz）が制作した調書「臨死介助と緩和医療—連邦政府に求められる対処策（Sterbe-hilfe und Pallativmedizin-Handlungsbedarf für den Bund?)」が法改正につながることはなかった。連邦司法省が制定したスイス刑法 115 条，すなわち，自殺の教唆および幇助についての改正を意図した当初の改正草案は，公聴会の場において強く批判された。提案には組織的な臨死介助を全般的に禁止する案と，一方，組織的な臨死介助を定められた制限の範囲で容認する案とが含まれていたからである。

---

17) イギリスにおける当該問題については，甲斐克則「イギリスにおける人工延命措置の差控え・中止（尊厳死）論議」甲斐克則編『医事法講座第 4 巻 終末期医療と医事法』（信山社，2013 年）149 頁以下，今井雅子「イギリスにおける自殺幇助をめぐる最近の動き」東洋法学 54 巻 3 号（2011）217 頁参照。

18) ヘッセン州，ザールランド州およびチューリンゲン州が自殺に関する営利的斡旋を禁止する法案を作成した。これについて連邦参議院は，死の商業化は何としてでも阻止しなければならないと述べると同時に，現時点で臨死介助協会の設立およびそのような団体に幹部として属することは処罰対象になるか否かを明らかにすべきであると要請した。この点に関し，佐藤拓磨「ドイツにおける自殺関与の一部可罰化をめぐる議論の動向」慶應法学 31 号（2015 年）354 頁以下参照。

2. 臨死介助協会の現状と課題

臨死介助の法的問題は，臨死介助が親族，友人や医師によってではなく，臨死介助協会によって専門的に提供されるという状況のもと新たな段階に入ることになった[19]。Tag は以下のように紹介し，課題を述べている。すなわち，スイスでは，このような協会による臨死介助を選ぶ人の数は年々増えている。2007 年にスイスで確認された 1,360 件の自殺のうち 10％は Dignitas，18％は Exit の手を借りるものであった。臨死介助協会は，財政的にも豊かであり[20]，また，これらの協会の活動を直接に規制する独自の法律は存在しない[21]。

臨死介助協会の活動を詳細に規定すべきか，規制するとして，どのような手段によってどの範囲で規制するべきかという議論は，ヨーロッパ各国，とくにドイツとスイスでなされていた。もっとも，臨死介助を行う者にも，死を望む者にも移転の自由や移動の自由があることから，ここでの議論は，それぞれの国固有の問題ではない。

組織による臨死介助が広まっていく中，注意を要するとされるのは，臨死介助協会を介して生死を選ぶ決定権が一般化することで生じる権利の濫用の危険性であり，また，その行動を規律する法律がないため，逸脱や規範違反が明確でないことから，限界を超えた事例が生じても気づきにくく，かつ，対処が困難であり，ひいては，しだいに道徳的価値観の変遷が生じ，本来効果的である管理メカニズムや良心の作用が衰退してしまうおそれがあることである。その

---

19) Tag・前掲（注 2）74 頁以下。

20) 臨死介助協会については，倫理的のみならず経済的な面からも問題視されている。Dignitas は，自殺一件につき 7,500 スイスフランを請求するという。そして，これに，入会費と年会費が加わる。Dignitas は，1998 年の設立から 2015 年まで 2,127 人の臨死介助を行ってきたため，協会の資産は増え続けており，Exit も会費，寄付，債券の相場利得や遺贈から成る多額の資産を所有しているといわれている。

21) 唯一，Exit-Deutsch Schweiz がスイスのチューリッヒ高等検察庁と 2009 年の夏に，乱用を防ぐための行動指針を目的とした取り決めをしただけである。

第 3 章　臨死介助協会と自殺援助処罰法　*69*

ため，これを防ぐべく，有効かつ広範囲にわたった規制と予防的保護策が必要となる。

　将来，臨死介助協会の活動が禁止の方向に至るかどうかは確かでないが，そして，国ごとに対応は異なるものの，臨死介助協会の一律の禁止に対しては，主に自己決定権に関連した異議が唱えられるであろうし[22]，同時に，スイスのように臨死介助協会が多数の会員を有している場合，実際に禁止することは難しいとみられている。また，刑法的規制に頼ることには，刑法がことによると遵守されなくなるという危険が潜んでおり，これが法治国家にとって堪えられない事態であることは，妊娠中絶に関する制限的な規制ですでに明らかになったとみることができる。1 つの例外を許すと際限がなくなるという「ダムの決壊」と濫用を危惧する声には耳を傾けなければならないが，協会の活動を全面的に禁止しなくては国家のモラルが崩壊するという訳ではないと考えれば，むしろ，重要なのは，臨死介助協会が遵守すべき注意基準を定めること，すなわち，自殺を望む者がその意思を自由に決定し，明示したこと，その意思は熟慮に基づき，継続的なものであることを明らかにさせることである。

　さらに，有効な患者の指示書があるにしてもないにしても，判断能力のない患者についてはどのようにするのかという問題も明らかにされなければならない。医師の関与のあり方も明らかにされなければならない。医師が自殺を看取ることは必要か，望ましいことか，事前にどのような説明をなすべきなのか，臨死介助は臨死期の患者に限るのか，それとも重い慢性疾患に罹患している者，あるいは身体的には問題をかかえていない鬱病患者にも同様の措置をとることは可能なのか[23]，その患者にはどのように対処するべきなのか，患者とは

---

　22)　ドイツについては，BR-Drs. 230/06 v. 27.3.06.

　23)　筆者が 2016 年 1 月に，チューリッヒ大学の Schwarzenegger 教授に行ったインタビューによれば，今日議論があるのは，まず，精神病の患者も対象となるのか，という点であり—スイス連邦通常裁判所は 2006 年，患者の精神病が，その人生の価値を失わせるほどきわめて重篤であって，かつ，患者に判断能力がある場合には可能であるとしている（BGE 133 I 58)—もう 1 つは，将来，認知症やアルツハイマーとなって，将来判断能力がなくなることが予想される患者にお

臨死介助以外の手段についても話し合うべきなのか，緩和医療あるいはホスピ
スと臨死介助は両立するのか，自殺は医師の処方を必要とする薬剤によって行
われるべきか，それともヘリウムのような薬剤ではない物質の使用を認めるべ
きか，等々も重要な点である。最後に，どのようにしたら自殺が営利目的の対
象にならないかについても，明らかにされるべきである。

このように Tag は課題を整理しているのである。

IV　自殺援助処罰法

1．業としての自殺援助処罰法

このような状況の中，ドイツでは，2015 年末，長らく議論が続いていた自
殺介助に制限を加えようとする自殺援助処罰法が可決・成立した。組織化され
た自殺介助が商業化・ビジネス化するまえに，これに歯止めをかけようとした
のである。多くの刑法学者の継続的な批判の中で可決した新規定，ドイツ刑法
217 条については，直ちにマスコミでも大きく取り上げられ[24]，大きな話題と
なった。新 217 条は以下のような規定である[25]。

　　　いて，そのような状態が到来する前に行いうるかという問題であるが，両組織も
　　　これらを認めている，ということである。同教授は，スイスにおいて広く自殺幇
　　　助が認められる根拠を，国民性として，信仰心が他の国と比較して比較的弱いこ
　　　とと，政治的な自由主義，そしてプラグマティズムをあげている。神馬・前掲
　　　（注 9）97 頁。

24)　Sueddeutsche Zeitung は，「将来ドイツでは業としての自殺幇助は禁止される。
　　　しかし，新法は基本法と一致するのか」という見出しのもと，この法案は，ドイ
　　　ツ国内にも存在する自殺介助組織を射程とするものであるが，「業として」とい
　　　う法概念は不明確であり，立法関与者は，この法案において扱う行為は反復する
　　　ことを意図した組織的な行為であると説明するが，終末期の患者を扱う医師は，
　　　自殺を一度以上嘱託されることがあるだろうし，その場合にその嘱託を実行すれ
　　　ば可罰的となる。この不明確性の問題に早晩，裁判官は取り組むことになろう，
　　　と伝えている。http://www.sueddeutsche.de/gesundheit/neues-gesetz-was-der-
　　　beschluss-des-bundestags- zur-sterbehilfe-bedeutet-1.2725817

25)　原文は以下のとおりである。§ 217 Geschäftsmäßige Förderung der Selbsttötung

「217条　業としての自殺援助

(1)　他人の自殺を援助する目的で，業として自殺の機会を付与し，調達し，あるいは斡旋した者は，3年以下の自由刑又は罰金に処する。

(2)　自ら業として行為せず，かつ第1項に規定する他人の親族又はその他人と密接な関係にある者は，共犯として処罰しない。」

同条文にかかる処罰には，死に至る機会の付与，創出，仲介を反復または継続して行うこと，またその目的が必要だが，その手段には，死に至る情報の提供も含まれている[26]。

2．Hilgendorf と Rosenau による批判

この新規定について，その問題性の検討に取り組んできた Hilgendorf と Rosenau は，これまでの議論を整理・確認しつつ，いち早く反論を加えた[27]。

---

(1)　Wer in der Absicht, die Selbsttötung eines anderen zu fördern, diesem hierzu geschäfts- mäßig die Gelegenheit gewährt, verschafft oder vermittelt, wird mit Freiheitsstrafe bis zu drei Jahren oder mit Geldstrafe bestraft.

(2)　Als Teilnehmer bleibt straffrei, wer selbst nicht geschäftsmäßig handelt und entweder Angehöriger des in Absatz 1 genannten anderen ist oder diesem nahesteht. なお，法律が制定されるまでの，連邦参議院および連邦議会に提出された法律案や，政府案をめぐる議論についての詳細は，佐藤・前掲（注18）347頁以下参照。

26)　BT-Drs.18/5373 18. もっとも，間接的，消極的臨死介助は，自然の病気の経過に介入しないので，不処罰であるとされている。Duttge, Strafrechtlich reguliertes Sterben, NJW 3/2016, S. 122f.

27)　法案段階の批判的検討として，Hilgendorf/Rosenau, Stellungnahme deutscher Strafrechtsleh- rerinnen und Strafrechtslehrer zur geplanten Ausweitung der Strafbarkeit der Sterbehilfe, medstra, 2015. Heft 3, S. 129ff., Rosenau/Sorge, Gewerbsmäßige Suizidförderung als strafwürdi-ges Unrecht? NK, 25. Jg. 2/2013 S. 109. 批判に対する賛同者は，刑法学者を中心に144名を数える。刑法学者の多くは，この規定の必要性を否定している。Duttge, Zehn Thesen zur Regelung des (ärztlich) assistierten Suizids, medstra, 2015, S. 257f.；Hillenkamp, in FAZ von. 16.4.2015. そのほか，Hilgendorf, Stellungnahme zur öffentlichen Anhörung des

まず，法案（草案）段階で，以下のような批判が提起されていた。すなわち，大要，以下のとおりである。

法案は，①憲法的にも，刑法的にも，そして医事法的にも拒否されるべきであり，②近年の立法者や裁判所による自殺幇助の非犯罪化に逆らうものであり，③そのような法案がなくとも，警察法や刑法が，自殺者の自由意思が十分に確認されない場合に採りうる手段となりうる。それに対して，患者との信頼に基礎を置くものであって，かつ，一方では刑法的規制に敏感に反応するような医師の活動領域が，熟慮なき刑法の拡張によって，処罰可能なグレーな領域に組み入れられることになるのは誤りではなかろうか。

個別的には，

a）すでに，消極的・間接的臨死介助の議論においては，患者の明示の意思による自殺介助の望みを尊重し，これを許容することは，たとえ生命の短縮に結びついたとしても，長きにわたって承認されてきた（歴史的根拠—カッコ内は筆者の注。以下同じ）。

b）ホスピスや緩和病棟では，繰り返し，組織的な臨死介助が行われてい

Ausschusses für Recht und Verbraucherschutz des Deutschen Budestages am 23. September 2015, S. 1ff.; Seifert, Setllung- nahme zur ethischen Beurteilung ärztzlicher/organisierter Suizidhilfe und der vier zu deren Regelung vorliegenden Gesetzentwürfe, 2015; https://www.bundestag.de/blob/388596/3f89ba6f 985b7667af403bedfd001358/schoene_seifert-data.pdf; Merkel, Stellungnahme für die öffentliche Anhörung am 23. September 2015 im Ausschuss des Deutschen Bundestages für Recht und Verbraucherschutz, https://www.bundestag.de/ blob/388404/ad20696aca7464874fd19e2dd93933 c1/merkel-data.pdf; Schiliemann, Strafbarkeit der Förderung der Selbsttötung, ZRP, 2013, S. 51; Saliger/Karles, Freitodbegleitung als Sterbehilfe-Fluch oder Segen? medstra, 3/2015, S. 132ff. 新法制定後についてのものとして，Kangarani, a.a.O. (Fn. 9), S. 48f.; Rosenau, § 217 Strafgesetz- buch (StGB), Bayerisches Ärzteblatt 3/2016, S. 100f. Duttge, a.a.O. (Fn. 26), S. 120ff.; Wien- brach, Die Menschenwürde im Businessplan, GewArch 2016/2, S. 66. なお，本稿で示した Rosenau の批判を早くして紹介したものとして，Rosenau（甲斐克則・福山好典訳）「ドイツにおける臨死介助および自殺幇助の権利」比較法学 47 巻 3 号（2014 年）205 頁以下がある。

る。生命の短縮に結びついたとしても，このような行為は，無制限に肯定的に評価されてきた。それらの行為は刑罰によって阻止される代わりに，十分な資金的援助によって支えられてきた（事実的根拠）

c) 自殺は可罰的でないゆえにその幇助も可罰的でないというのが，実証された刑法理論上の原則である（理論的根拠）。

d) 基本法2条1項を併せ1条1項によって保障された個人の自己決定権は，自らの死についても及ぶ。2009年制定の患者の指示法によって立法者はこれを明確に示した。新規定は自己決定権を侵害し，比例原則に反しており，刑法は「最後の手段」でなければならないとする原則も考慮されていない（憲法的根拠）。

e) 医師と患者の関係が法的に規制されるのは限定的に許されるのみであり，刑法にあってはなお一層のことである。医師の自殺介助行為の可罰性は，したがって明白に否定されるべきである。医師の良心の自由──基本法4条1項──は，医師と患者との関係においても妥当する。新規定は憲法上の理由からも拒否されるべきである（自由権的根拠）。

f) 医療倫理や社会倫理ならびに刑法の基準に照らして許容される，あるいはそれどころか肯定的に評価される医師の措置を，医師の職業法は禁止すべきではない。死に際しての医師の介助は良心に基づく決定として許されるのである（職業法的根拠）。

g) 自殺を望む者には特別な配慮と寄り添いが必要であるが，自殺介助を可罰的とすることで，処罰を恐れて医師が患者と距離を置くことによって，医師の専門的な援助は困難ないし不可能となり，その結果，患者をして残酷な方法での自殺に向かわせることになる。目標とすべきは，反対に，できるだけ多くの自殺希望者に寄り添いドイツにおける自殺者の数を減少させることである。そのための方策として，刑法的手段は全く適していない（倫理的根拠）。

3．具体的批判

以上の主張ないし批判を，具体的に，Rosenau は以下のように展開する。

(1)　自殺幇助の不可罰性[28]

　ドイツ刑法では，自殺や自殺未遂の可罰性を認めていない。自殺の不可罰性は憲法上保障された個々人の自律の１つの現れである。自殺援助処罰法を支持する考えは「生きる義務」を肯定し，患者にこれを強いるものであり，基本権にいう自由の保障を顧みないものである。憲法から自由答責的な自殺の自由が導かれるかについては争いがあり，憲法裁判所も自殺の権利を認める立場をとってこなかったが，2010 年の Putz 判決でも，自己決定に基づく死の権利を強調し，2009 年の患者の事前指示法の規定によって，自殺の権利に関する自己決定権は一層確認されるに至った[29]。自由答責的な自殺の意思に反する保護は，基本的秩序と一致しないパターナリズムに陥る[30]。この点，欧州人権裁判所もかの Diane Pretty 事件において同様の立場であり，欧州人権条約 8 条 1 項，すなわち「私生活の尊重に対する権利」に含まれるとされる，死に際しての自己決定権について肯定し，自殺の阻止は個人の権利に対する侵害であるといっている[31]。しかも，その後，欧州人権裁判所は，自己の生命の終了を自由に決定することができる権利に言及し，自殺を希望している妻の夫に，同 8 条による

---

28)　Rosenau/Sorge, a.a.O. (Fn. 27), S. 109 ff.；Rosenau, a.a.O. (Fn. 27), S. 100f. Hilgendorf, a.a.O. (Fn.27), S. 5ff. ドイツにおける臨死介助をめぐる判例の推移および第３次世話法改正と民法 1901a 条については多くの紹介があるが，近時のものとして，鈴木・前掲（注 7）279 頁以下参照。

29)　本判決については，甲斐克則「ドイツにおける延命治療中止に関する BGH 無罪判決」『年報医事法学 26』（日本評論社，2011 年）286 頁，武藤眞朗「ドイツにおける治療中止」甲斐克則編『医事法講座第 4 巻 終末期医療と医事法』（信山社，2013 年）194 頁参照。

30)　Duttge, a.a.O. (Fn. 26), S. 123 f. は，基本法の諸規定に照らしても，刑罰の正当化根拠には重大な不法があるところ，業としての自殺幇助に刑罰に価する不法はない。自殺は，自己の自由領域にとどまり，他人の自由領域への侵害ではないからである。本規定は，嫌疑刑を定めるものである，としている。

31)　Tag・前掲（注 2）70 頁。Diane Pretty 事件については，稲葉実香「生命の不可侵と自己決定権の狭間 (1)(2)」法学論叢 158 巻 1 号（2005 年）47 頁以下，「同 (2)」法学論叢 158 巻 2 号（2005 年）54 頁以下参照。もっとも，同裁判所は，「死への権利」については，明示的に承認することはなかった。

自己決定に対して侵害があったことを認め，ドイツの裁判所に，改めて薬物を投与する決定を下すようにと判示したのである。必要な国際法の解釈に基づいた基本法の解釈にあってもこの判断は参照されるべきであるから，BGH の裁判官による自殺を違法とする判断はもはや維持しえない。

自殺幇助の可罰性は，共犯の従属性（ドイツ刑法 26 条，27 条）からみて，刑法理論的にも，刑法体系的にも無理がある[32]。かの Wittig 判決に至るまで採られていた，自殺幇助の不可罰性の回避策，すなわち，自殺を望む者を支援し何もしないでいる保障者について不作為の正犯としての可罰性を基礎づけることによる解決策は，維持できない。というのも，自由答責的な自殺は自己決定権の行使の結果に他ならず，これに相対する幇助者には保障者としての義務が欠けるからである。この帰結は，ドイツ民法 1901a 条 2 項，3 項の立法者の評価とも一致する。ドイツ刑法 323c 条も，ここでは「事故」が前提となっているのではないことから，問題とならない。

(2) 法的異議[33]

自殺の権利を実現する者は，介助を受けなければならず，また，自由答責的に行為する自殺者の個人的法益としての生命は，保護法益とはなりえない。それは，営業的（gewerbsmäßig）な幇助行為にあっても同様である。そもそも，営業性という純粋に刑罰を加重する要素によって可罰性を基礎づけることは体系的にも誤っている。

立法者は，立法事実を，潜在的な自殺者自身における生命に対する抽象的危険とみる。すなわち，本規定の根拠を，意思がいまだ動揺している自殺希望者が，自殺介助組織の存在・活動によって，短時間に，また，重圧によって，自殺に至りかねないという点にみいだしている。なるほど，生命という高度な憲法的価値を保護する場合に，（抽象的）危険を考慮することは立法者の裁量の範囲内だが，しかし，このような危険は実際上は基礎づけられていない。という

---

32) 2006 年のドイツ法曹大会でも，圧倒的多数の参加者がこの点に賛同した。

33) Rosenau/Sorge,, a.a.O. (Fn. 27), S. 113 ff.; Rosenau, a.a.O. (Fn. 27), S. 101 f. Hilgendorf, a.a.O. (Fn. 27), S. 35.

76

のも，ドイツにおいては毎年 1 万人の自殺者を数えるが，Dignitas のような自殺介助組織と自殺者の増減との有意的な相関関係は証明されていない[34]。自殺介助組織は，利益獲得を優先し，患者の意思の確認も不十分で，必要とあらば自殺意思を撤回させるということもせず，拙速な自殺介助を実施する傾向にあるというのも，事実に反している。立法者は，抽象的危険の現実の可能性を示すことなく，自殺介助に至るかなり以前の段階にある行為の可罰性を肯定し，しかも，実際，ドイツ刑法 217 条 1 項の文言にしたがえば，自殺の試みも可罰性の要件として不要としている。ここには危険な処罰の早期化がみられる[35]。法案は，社会における一部の憤りに政治的に乗じ，道徳の問題を刑法の問題とすりかえている[36]。これは，連邦憲法裁判所が，Inzest 判決[37]において立法者の肝に銘じたはずの，刑法における「最後の手段」原則に反する[38]。

217 条が捕捉しようとしている可罰性の欠缺，すなわち，自由答責的な自殺でない場合については，222 条の過失殺や 212 条の故殺，25 条 1 項の，故殺の間接正犯として処罰可能であるので重要ではない。むしろ，自由答責的か否かの見極めこそが重要なのである。

そのほか，「営業として」という要件は不明確であり[39]，加えて，217 条 2 項

---

34)　Rosenau/Solge, a.a.O. (Fn. 27), S. 114 f. Rosenau・前掲（注 27）219 頁以下。佐藤・前掲（注 18）355 頁参照。

35)　Duttge, a.a.O. (Fn. 26), S. 121 は，抽象的危険犯として処罰の早期化，前倒しが図られたことから，未遂規定は設けられなかったとしている。この規定は，自殺の援助を処罰の対象としていることから，自殺が未遂に至ることは要件ではない。

36)　Duttge, a.a.O. (Fn. 26), S. 120 f. は，新規定の背景として，自殺は同情を呼び起こすが，それに関する職務の執行は忌み嫌われるということ，また，自殺の権利の道徳化が進んでいることを挙げている。また，心情（性向）が可罰性の根拠となるならば，法と道徳の区別はなくなるという。

37)　BVerfGE 120, 224, 239 f. 173 条の兄弟姉妹間の性交処罰の可否が争われたものである。

38)　そのほか，刑事制裁は不要であり，行政的規制で足りるという批判もあった。佐藤・前掲（注 18）364 頁，368 頁参照。

39)　Duttge, a.a.O. (Fn. 26), S. 122f. は，不法を基礎づける，新規定である「業とし

の，不処罰とする例外規定も，それ自体としては意義があるが，「親密な関係にある者」という概念が不明確なため，法的安定性に欠けている。

(3) 倫理的および法政策的異議[40]

ドイツ刑法 217 条は，自殺介助組織を犯罪化することにより，自殺の意思を有する者をして，飛び降り自殺，飛び込み自殺，縊死など，残酷な自殺へと仕向けることになるので，法政策的にも誤りである。医師は自殺の手助けを職業法上，禁止されているし，拘束力はないが，連邦医師会原則も，自殺にあっての医師の協力は「医師の任務ではない」としている。終局的には，医師個人の良心の問題だが，MBO（ドイツで活動する医師に対する模範職業規則）16 条[41]は，医師は自殺のための幇助をなしてはならないとし，この規定は 17 ある州医師会のうち 7 つの州医師会において採用されている。このように，医師会の態度は大方において自殺の手助けを是とはしていないが，しかし，国民は圧倒的に医師の自殺介助を支持してきた。尊厳ある自殺に必要な医学上の知識を有し，患者との強い結びつきのもと患者の気持ちを理解しうる医師が，自殺の意思を有する者の死から撤退することは残念である。

自殺介助組織が悪者呼ばわりされることも正しくない。同組織は，現在ではもはや廃止にはできないし，答責的な臨死介助の環境を整えている。その結果，自殺を望む者が自殺の意思を放棄することにも[42]，あるいは，ホスピスで

て」という要件についても同様であるとし，結局のところ，犯罪の成否は，行為者の動機に帰結を求めなければならないという。また，「業として」が不法を高める要件となるかについては疑問であるという。さらに，自律原則は，（実質的な）不法従属性原則，すなわち，共犯の違法性は正犯の違法性を前提とし，正犯が自律的に行為した場合には，共犯の違法は存在しないとする原則によって，介助行為を行う者にも及ぶというのである。

40) Rosenau/Sorge, a.a.O. (Fn. 27), S. 116 ff.; Rosenau, a.a.O. (Fn. 27), S. 101 f.; Hilgendorf, a.a.O. (Fn. 27), S. 14.

41) 「医師は，死に瀕した者の尊厳を守り，その意思を尊重し，援助しなければならない。医師は，要求に基づく殺人を行うことも，自殺幇助も行ってはならない」としている。

42) Hilgendorf, Stellungnahme zur öffentlichen Anhörung des Ausschusses für

死を待つことにも，いずれの選択にも繋がりうる。それゆえ新規定は，当然ながら国民の拒否を招いているのである。

自殺介助組織の活動の規制と監視については異論はないが[43]，法案は，反歴史的で，反論理的で，憲法に違反し，倫理的にも法政策的にも誤っている。

このように Rosenau は 217 条の業としての自殺援助処罰法を批判するのである。

V　結びに代えて

ドイツ刑法 217 条の自殺援助処罰法の立法化は[44]，自殺介助組織の行為を対象としているが[45]，その背景には，医療費の高騰や医療制度への不安のもと，多くの市民において，将来はなんらかの外在的な圧力によって死を決断させられるのではないという潜在的な不安が広がっていることが想起されよう。そのほか，ドイツにおける政治的背景，すなわち，死に関するビジネスをタブー視し，死は個人が自ら決定すべきことではなく，神の意志に委ねなければならないという，CDU の一部の会派の主張も反映しているとみられている。他面で，そこにはポピュリズムが見え隠れしているとの指摘もある。自殺は，ドイツの社会において，次第に「通例」のこととなり「社会的に相当」であるとみなされるようになりかねず，自殺がタブーでなくなることも危惧されているといわれているのである[46]。

　　Recht und Verbr- aucherschutz des Deutschen Bundestages am 23. September 2015, JZ 2004, S. 547.

43)　Tag・前掲（注 2）76 頁参照。

44)　https://www.bundesverfassungsgericht.de/SharedDocs/Entscheidungen/DE/2015/12/rk20151221_2bvr234715.html

45)　2015 年には 92 人の自殺に関わったとしている臨死介助ドイツ協会は，217 条は自己決定権を否定するもので憲法違反であると，いち早く声明を出している。http://www.sterbehilfedeutschland. de/

46)　Vgl. Kangarani, a.a.O. (Fn. 9), S. 49.

第 3 章　臨死介助協会と自殺援助処罰法　79

　217 条の規定によって自殺介助組織の活動は，かなり制約されることになっ
たといえよう[47]。とはいえ，新たな処罰規定をみれば，自殺介助組織のみに対
象が限定されることはなく，私人を含めて誰でも，業として自殺介助行為を行
えば可罰的となりうる[48]。業態犯の形式をとっているが，以下で示すように，
1 回の介助行為によっても，当該構成要件は充足されうる。だからこそ，親族
を処罰の対象から除外する特別な規定を置く必要が生じたのである。また，上
述のように，その構成要件は抽象的危険犯であり，処罰の早期化，刑法的介入
の前倒しが図られている。一般に許容されている消極的臨死介助と間接的臨死
介助と自殺幇助との区別が不明な点からすると，また，当初の草案の「営業と
して」から，現行の「業として」と要件が緩和されたことからすると[49]，処罰
範囲の明確化も危ういといわざるをえない。さらに，対象者の保護の必要性は
高くなく，保護の手段も抽象的かつ間接的でもある[50]。ドイツでは自己決定権
にもとづく（意識的かつ自由答責的な）自殺が，権利とまではいえずとも[51]，保

---

47)　すでに，緩和医療において，この問題は顕在化している。http://www.lto.de/
　　　recht/hintergruende/h/gesetzgebung-sterbehilfe-tatbestandsmerkmale-analyse/

48)　Kangarani, a.a.O. (Fn. 9), S. 49.

49)　当初の草案では，「営業として（gewerbsmäßig）」，すなわち，自殺幇助をなす
　　　に際して，利益の獲得を目的として幇助をなす場合を想定していた。その後，
　　　「自殺幇助組織」はその定義によって包括されるのか，利益獲得意図の証明は可
　　　能かが問題となり，要件は緩和され，「業として（geschäftsmäßig）」となったも
　　　のである。したがって，「業として」とは，自殺幇助が反復継続的になされてい
　　　れば足り，利益の獲得目的という主観的要素は不要となり，しかも「業として」
　　　という要件は，それが連続して行われることになっていれば，1 回目の幇助行為
　　　がなされれば直ちに充足されることになり（BT-Drucksache 18/5373, S. 17），ま
　　　た，利益の獲得も不要となっているのである。これによって利益追求を目的とし
　　　ない自殺幇助一般が処罰の対象とされることになった。

50)　佐藤・前掲（注 18）368 頁は，「自殺の非タブー化や終末期患者の自殺の日常
　　　化に対する懸念から，自殺の商業化を招くおそれのある行為を刑法上禁止するこ
　　　とは，およそ不合理だとはいえないように思われる」としている。

51)　自殺が純粋に権利であるとすれば，身体が動かなくなった場合に，国家は生命
　　　の断絶を行う義務があることになる。

障されるべき自己決定権の行使の1つとされ、その意思は可能な限り尊重されるとされているが、その観点からすると、当該構成要件が憲法が要請する「最後の手段」といいうるのか、補充性を充たすのかについては異論があり、自殺幇助の可罰性の拡大は、多くの研究者の危惧するところである。加えて、この法律によって、医師と患者との関係に軋みが生じる可能性も指摘されている[52]。人生の最後にあって、尊厳のある死を迎えるための十分な看取りを行ってもらえないのではないかと不安になり、精神的にも手当を要する患者から医師を後退させ、その結果患者を追い詰められた末の無残な自殺に向かわせることになってはならないとの声は大きい。そして、これらの批判の一方で、臨死介助協会の活動を制限するとしても、自殺介助に否定的な連邦医師会を前にして、その受け皿をどうするかも問われており、そこで、現在では、医師による自殺介助の不可罰性を法律で明記すべきであるとする主張もなされている[53]。

　これら自殺介助についての分析枠組みは、ヨーロッパとは異なり死期について特有の感じ方を有しつつも、終末期医療のあり方についても彼の地に徐々に近づきつつあるわが国の臨死介助をめぐる考察に、裨益するところ少なくない。ドイツおよびスイスにおける自殺幇助の議論にあって注目されるのは、死とは取り返しのつかない不可逆的なものであるから、死について、最終的な決定を自ら自由に行ったとするためには、患者の病気の有無や精神状態を医師が正しく把握し、国家の側では、その決定のプロセスについて不断のコントロールが必要であるとされている点である。これに関して、他方、自殺の多くは自己答責的なものなどではなく、鬱病等、何らかの精神の病によるものであるとする主張も[54]、自殺という行為の本来的意味を問う点で極めて傾聴に値するものであり、わが国の議論にも資するものである。自殺援助処罰法については、

52）　医師と患者との関係への悪影響については、Duttge, a.a.O. (Fn. 26), S. 124.; Hilgendorf, a.a.O. (Fn. 26), S. 4.

53）　佐藤・前掲（注18）366頁。

54）　拙稿「医師による自殺幇助の可罰性について」中央ロー・ジャーナル5巻1号（2008年）84頁参照。

ドイツにおいては多くの刑法学者によって批判されているが，自殺幇助を処罰する刑法のもと，脳死をもって人の個体死とすることについても，それが法的確信となるまでには至っていない，人の終期の問題に極めて敏感な[55]わが国では，受け止め方を異にするであろう。自殺援助処罰法の処罰範囲が広範囲であることを危惧する見解が多いが，自殺の実体が上記のようなものであることを踏まえ，右処罰法の保護法益とかかる組織の拡大を直視すれば，ドイツにおいても一概に補充性がないとまではいえないのではないかと思われる。

　現在，急激な高齢化の中，終末期における耐え難い苦痛，自律の喪失と第三者への完全な依存への不安というものを背景に，ドイツやスイスにおける組織的な自殺介助組織は拡大しているとみられている[56]。しかし，わが国において自殺幇助は処罰の対象となっていることから，自殺を幇助する活動を行うDignitas のような組織に自殺希望者を送り込む行為や，当該組織について情報の提供をした者は，自殺教唆や自殺幇助として処罰されうるであろう。イギリスでかつて問題となったように[57]，日本国民が臨死介助協会での自殺を目的として出国しようとした場合，公的機関はこれを阻止できるのかも今後問題となると考えられる。

　筆者は，自殺は自己決定を行う主体自体を消滅させるものであり[58]，また，

---

55) Tadaki, Zur gegenwärtigen Situation der Organtransplantation von Hirntoten, Transplantation-Transmortalität, 2016, 87ff. 参照。

56) Bundestagsdrucksache 18/5373, S. 8f. このような状況に危惧を覚え，2010 年，スイスでは海外からの「自殺ツアー」を規制し，2011 年，ドイツ医師会は「自殺介助」に制限を付したのであった。

57) 今井・前掲（注 17）236 頁。裁判所は，地方当局による出国の差止めを認めなかったとのことである。

58) これに対して，近時，Neumann は，人の死によって，自律性が否定されるわけではないことを論証しようとする。Standards valider Argumentation in der Diskussion zur strafrechtlichen Bewertung von Maßnahmen der „Sterbehilfe", freiheitlichen Rechtsstaat. Festschrift für Hans-Ullrich Paeffgen zum 70. Geburtstag, 2015, S. 509 ff. その上で，Neumann は，集団強姦から性的自己決定を守るための自殺を例にとり，刑法 34 条の正当化緊急避難の領域で臨死介助を

社会は個人の集合体であるので，個人は社会の必須の構成要素であり，また，個人は他者との関係性の中で存在していることから，自殺は違法であると考えており[59]，自殺者の精神的状況が上記で紹介した主張のように，何らかの精神の病によるものである可能性もあることから，法政策的にも自殺違法説が法的安定性に資するものと考える。自己決定権の保障と生命という絶対的法益の保護の相克にあって，死を選択する権利は，憲法13条の基本権に含まれるとする考えもあるが[60]，死を目前にした患者に限定しての立論であり，生きる義務を否定したにすぎないともみることができる。自殺適法説を基礎にした，刑法202条違憲説も有力であるが，まだ試論の域を出ないように思われる。わが国では，同条の規定があるかぎり，これを根拠に，自殺幇助につながる行為については，これを阻止できると考えるのである。

彼の地においては，事前の患者の指示書に関する法律がある。患者が事前に，どのような状況の下で治療中止を望むか，これに記入するのである。わが国でも，同様に，自己決定に基づいた死とその迎え方を考えるリビングウィルの文化が芽生えつつあるが，その具体的手続の参考例をそこにみることができる。臨死介助協会については，今後も廃止されることはないであろうことについては大方の意見の一致を見ているが，事前の指示書があれば判断能力のない

とらえようとしている。なお，この点に関しては，山中敬一「臨死介助における同一法益主体内の利益衝突について」近畿大学法学62巻3＝4号（2015年）265頁以下参照。

59) 浅田和茂は，「自殺者一人で自殺を行う場合は，生命放棄の意思が完全であることから適法であるが，教唆・幇助されてはじめて自殺する場合は，生命放棄の意思が完全であるといえない分だけその関与が違法となる」とする（浅田和茂「刑法における生命の保護と自己決定」松本博之・西谷敏編『現代社会と自己決定権：日独シンポジウム』（信山社，1997年）132頁）。浅田は，治療中断による臨死介助でも患者の自己決定権の優位性を強調し，リヴィング・ウィルについてはその相対性に言及し，また，水分・栄養の補給の中止については，終始一貫して反対する立場に立っている（同『刑法総論』（2005）213頁）。

60) 松居茂記「安らかに死なせてほしい」松居茂記編『スターバックスでラテを飲みながら憲法を考える』（有斐閣，2016年）11頁。

患者についても自殺を認めるのかについては，議論が多い。また，前述のように医師の関与のあり方はいかにあるべきか，医師が自殺を看取ることは必要か，事前にどのような説明をなすべきなのか，自殺幇助は臨死の時期にある患者に限るのか，それとも重い慢性疾患のある者，あるいは，健康であるが鬱病を患っている者にも可能なのか，などは重要な課題とされている。同時に，彼の地でも，緩和医療・ホスピスと自殺幇助は両立し，いずれからのアプローチも不可欠であるとの意見が大勢であることは確認されるべきであろう。そして，これらの議論は，リビングウィルのあり方を含め，自殺幇助の可罰性についてはいまのところ大きな争点となってはおらず，消極的臨死介助，すなわち，治療行為の差し控えや中止（尊厳死）が中心的課題であるわが国の議論にも参考となるものと思われる（なお，ドイツやスイスにおいても，自殺介助は終末期の臨死介助においても，統計上は極めてわずかの数値であり，不治の病にあって，医師が治療を中止する消極的臨死介助の事例がほとんであることはわが国と同様である）。そして，臨死介助協会の今後の推移は，上述のように，すでに，日本人を対象とした自殺介助の事例が報告されていることから，わが国にとっても，もはや他国での無縁な話題としては片付けることのできない状況にあると考えるのである。

第4章
終末期医療における患者の承諾と自律

I は じ め に

　現在，交通や通信技術の革新的な発達によって諸外国との「距離」は飛躍的に縮まり，世界はより一層均質化している。とはいえ，一年の終わりに，日本では賑やかにクリスマスを過ごし，除夜の鐘には「煩悩滅却の静寂」を思うのに対して，ヨーロッパでは心静かにキリストの降誕祭を祝い，新年の始まる瞬間には花火や爆竹で賑やかに祝うというように，行動や考え方，また法意識はその社会の宗教や文化に根ざして異なっている。

　とりわけ，人の生命の「始まり」と「終わり」についての観念の相違は，関連する法制度のあり方にも大きく反映している。ヨーロッパでは，脳死を人の生命の「終わり」すなわち「人の死」とするのがすでに一般的である。わが国では，人の生命の終わりについての定義が定まらないまま1997年に臓器移植法が成立したが，これによって，一定の要件のもと，脳死も心臓死と同様に人の死として認められることとなった。この妥協的決着は，日本人の「死」，すなわち，人の生命の「終わり」に対する想念が極めて情的で濃いことに由来するであろう。これに対して，例えばオランダの安楽死法のように，ヨーロッパの人々の「死」に対する感情は淡泊で，即物的であるようにさえみえる。他方，日本では，人の生命の「始まり」への関心・意識は必ずしも高いとはいえない。着床前診断（Präimplantationsdiagnostik：PID）における胚・受精卵（Embryo）の保護に関して社会の議論は高まらず，それどころか，わが国の刑法上は禁止されている堕胎も母体保護法のもとでは制限がなく行われているというのが実

態である。例えばドイツでは PID も堕胎も厳しく制限されており，その背景には胚・受精卵の保護を重要視する法文化的背景があることと比較すると，このような状況の相違は，非常に特徴的である。

　ところで，急速に超高齢社会を迎えているわが国の終末期医療にあって，安らかに眠りにつきたいという患者の希望にどのように沿うべきか，法律上の対応が大きな課題となっている。

　死に瀕している患者に対して，例えば薬剤を用いて医学上必要な緩和・鎮痛措置を施すことでその間接的効果として結果的に生命を短縮し死期を早める間接的臨死介助，また，苦痛を長引かせるだけのような生命維持の措置（延命治療）を開始しない，あるいはこれを差し控え，終了することにより死の惹起へと導く消極的臨死介助（治療中止，尊厳死）の両者については，わが国，またドイツ，スイス等においても，医師に法的な責任は課されないとされている。これに対して，患者の生命を，その肉体的苦痛の緩和ないし除去を目的として意図的・故意的に断絶することをいう積極的臨死介助については，ドイツやスイスでは患者の承諾のもとでも許容しないという立場であり，わが国でも同様である。

　本稿は，終末期医療における臨死介助や治療中止などの課題を検討しつつ，法化社会のグローバル化にあって，法体系を同じくする国々において，人間の尊厳や個人の自律，あるいは承諾にどのような価値が付与され，いかなる解釈原理となっているのか，いかなる文化的，宗教的背景が法制度に影響を及ぼしているのかを比較法的に検証し，法律学という理論と裁判実務および医療実務との対話の在り方を検討しようとする試みの1つを提示するものである。

II　終末期医療における臨死介助・治療中止・自殺幇助の現況

　一旦治療を引き受けたならば医療基準に基づいて患者の生命を維持する保障人たる義務が医師には生じるが，一方，判断力のある患者においては，治療内

容や方法を選択・決定することが可能である。西欧諸国においては，「病気で
いる権利」，人間としての尊厳を保ちつつ死を迎える権利，死ぬ権利[1]が「人権
と基本的自由の保護のための条約：欧州人権条約（Europäschen Menshenrechts
Konvention：EMRK)」によって保障され，各国の法律によって自殺行為が処罰
されないかぎり，患者には自身の命の終末について決定する権利があるとさ
れ，ドイツでは，自殺の不可罰性は憲法（基本法）上保障された個々人の自律
の表現であるとされる。患者が延命措置を拒否すれば，すなわち，医師の義務
は生命保持から看取りへと代わる。もし，患者の意思に反して医師が延命措置
を行うならば，ドイツ，スイスでは，「専断的医療行為（医的侵襲）」として傷
害罪にあたるとされている。

　一方，積極的臨死介助と消極的臨死介助との中間にある医師による患者の自
殺の幇助について[2]，日本では嘱託・承諾殺人のほか，自殺関与も刑法の処罰
対象とされているが，正犯行為を共犯行為の従属性の要件とするドイツ，スイ
スでは，自殺関与は基本的に罰せられないとされ，自殺関与に関する処罰規定
はない。

　このような終末期医療における臨死介助や治療中止，医師による自殺幇助の
問題につき，ドイツやスイス等では医師の行為の法的免責を担保する法整備が
進められる一方，ドイツでは，昨年，業として行う医師の自殺幇助を処罰する
法律も制定されており[3]，それらの議論の内容とその示す方向性とは，わが国
の今後の対応に参考となると思われる。また，1980年代にスイスに発足した，
自己決定として自らの死を選択した患者の自殺の援助を請け負う臨死介助協会

---

1)　Vgl. BGE 133 I 58, 66 ; BGHSt 37, 376, 378.
2)　Tag（フィーヴェーガー陽子訳・只木誠監訳)「組織的な臨死介助と自殺幇助」
　　『グローバル時代の法律学・国境を越える法律問題』（日本比較法研究所，2011
　　年）69頁。Vgl. auch Glück, Die aktuelle Debatte, Höfling/Rösch (Hrsg.) Wem
　　gehört das Sterben? 2015, S. 12.
3)　拙稿「臨死介助協会と自殺援助処罰法」井田良ほか編『浅田和茂先生古稀祝賀
　　論文集［上巻］』（成文堂，2016年）647頁。この法律案にはほとんどの刑法学者
　　が反対の意見を表明したが，多くの医療関係者は歓迎しているようである。

は，現在ドイツにも広がっているが，このような組織への対応を含め，終末期医療の問題についてわが国の議論はまだ端緒についたばかりというのが現状である。

わが国では，平成 7 年東海大学病院安楽死事件判決で示された，a) 患者が耐え難い肉体的苦痛に苦しんでいる，b) 患者は死が避けられず，死期が迫っている，c) 患者の肉体的苦痛を除去・緩和するために方法を尽くし，他に代替手段がない，d) 生命の短縮を承諾（同意）する患者の明示的意思表示がある，という 4 基準が安楽死の許容指針とされているところ，いずれも厳格な判定が求められることから，実際には，この基準は「末期医療における安楽死を事実上封殺したもの」とも評された[4]。治療行為の中止（消極的臨死介助，尊厳死）事案に属する近時の川崎協同病院事件で，1 審は，治療中止の許される要件として，東海大学安楽死事件と同様，「患者の自己決定権」と「（医師の）治療義務の限界」を挙げたが，高裁ではかかる基準が現在一般に承認されているとはいえないとされ，最高裁[5]はいずれの立場にも与せずに，ただ，結論においては，本人の意思が不明な場合に認められるべき「患者の推定的意思」に基づく行為ではないなどとして，1 審，2 審同様に，被告人に有罪の判決を下している。もっとも，最高裁の立場は 1 審判決の挙げた基準を支持しているといえよう。

このような中，かかる終末期患者の医療に携わる医師は，どのような要件のもと自己の行為が許容されるのかが判然としない，不安定な状況にあるのであり，判例も指摘するように，法的な，ないしガイドラインによる早急なルール作りが必要であろう。もっとも，一方で，法律やガイドラインが確立することにより，患者やその家族に不当な圧力がかかることになるのではないかとの強い懸念も示されているところではある[6]。

---

4) 町野朔「『東海大学安楽死判決』覚書」ジュリスト 1072 号（1995 年）113 頁など。

5) 最決平成 21・12・7 刑集 63 巻 11 号 1899 頁。

6) ドイツの自殺援助処罰法の制定過程でも同様に危惧する意見が存した。佐藤拓

臨死介助においては，重要な保護法益である人の生命の終焉をめぐって，個人の意思の自由の尊重のもとどのように自己決定（権）を確保するのか，そもそも自らの死を選択することは自己決定権のうちに入るのかといった根本的な問題について答えを導くことは極めて難しい問題である。ドイツにおける自己決定原則，治療義務の限界を核とした臨死介助，治療中止をめぐる議論をわが国ではどのように受け止め，活かすべきであろうか。

III　治療中止・自殺幇助と患者の自己決定

1．わが国の状況

「日本では，事前の延命治療差控えに対してはかなり寛大に許容しつつ，1度開始した延命治療・措置に対しては，中止すれば殺人罪になる懸念があるとして過剰に抑制的である」とも指摘されるが[7]，上記川崎協同病院事件で，最高裁が治療行為の中止についての要件を示したその意義は大きい。もっとも，その中で示された「余命および回復可能性」と「患者の推定的意思」という要件のいずれか単独でも正当化は可能なのか，前者は後者の要件なのか，どの段階をもって「余命および回復可能性」が見込めないといえるのか，治療の可能性があっても治療行為の中止は可能なのか，自己決定権の行使があっても，共犯を処罰している現行法202条といかに整合させるのか[8]等々の問題は依然として残るのであり，また，治療中止は家族の代行承諾（代諾）ではなく患者本人の推定的意思をもって判断するとしているところ，家族の恣意の排除や家族の範囲の確定等についても，明らかにされるべき点は多い[9]。

　　磨「ドイツにおける自殺関与の一部可罰化をめぐる議論の動向」慶應法学31号（2015年）355頁。

7)　甲斐克則「イギリスにおける人口延命治療の差控え・中止（尊厳死）議論」甲斐克則編『医事法講座第4巻　終末期医療と医事法』（信山社，2013年）163頁。

8)　原田國男「座談会　終末医療と刑法」ジュリスト1377号（2009年）99頁。

9)　加藤摩耶「判批」『判例セレクト［I］』（有斐閣，2010年）30頁。なお，橋爪隆「座談会　終末医療と刑法」ジュリスト1377号（2009年）102頁。

2．ドイツの状況

　一方，ドイツでは，承諾殺人罪（刑法 216 条）は存するが自殺関与の規定は存在せず，このため，不可罰である自殺関与・幇助，可罰的である承諾殺人，そして両者に境を接する医師による臨死介助行為を巡って，日本とは異なる議論が展開されてきた[10]。

　すなわち，まず，いまだ死に至ってはいないが病気の経過が不可逆的である臨終のステージ（生物学的な終焉段階）において医師に患者の生命を維持する権利および義務がないことは，一致した意見である。その際医師が行うべきは，尊厳を保ち，苦痛なく患者に死を迎えさせることであり[11]，それは「臨終における介助」と表現されている[12]。

　他方，臨終のステージに達していない段階においては，積極的臨死介助，間接的臨死介助，消極的臨死介助，そして，直接的臨死介助（＝生命短縮を目的とした臨死介助）と消極的臨死介助の中間に位置する自殺関与が問題となる[13]。積極的臨死介助は，ドイツ，また，スイスでも，患者の明示的な意思表明の存否にかかわらず，これを許容していない。間接的臨死介助については，現時点でドイツやスイスの実務ではこれを不可罰としている。そして，消極的臨死介助については，緩和医療の発展に伴い「耐え難い苦痛」というものが事実上なくなってきて，生物学的終焉段階以前において問題となる事例の殆どが当該の事例となるなか，安楽死・尊厳死の議論はそこに集約されつつある。最後に，自

10）　ドイツにおける臨死介助に関する近時の学説・判例を紹介した論考として，鈴木彰雄「臨死介助の諸問題」法学新報 122 巻 11 = 12 号（2016 年）267 頁以下。

11）　Tag, Der Körperverletzungstatbestand im Spannungsfeld zwischen Patientenautonomie und Lex artis, 2000, S. 327f.

12）　Tag, Sterbehilfebetrachtet im Lichte des Strafrecht, Vom Recht auf einen menschenwürdigen Tod oder : dar ich sterben, wann ich will ?, Menschenbild und Menschenwürde am Ende des Lebens, 2010, S. 153ff.

13）　Tag・前掲（注 2）65 頁。これらの概念の区別が相対的であり，適法と違法，可罰と不可罰の境も紙一重であることはドイツ，日本でも共通の認識である。

第4章　終末期医療における患者の承諾と自律　*91*

殺関与については，欧米各国で「死ぬ権利」の承認や安楽死，積極的臨死介助・自殺幇助の合法化，尊厳死法の整備等が進むなか，ドイツでは，民法改正による対応が模索された。すなわち，患者のリビングウィル，自己決定に法的な拘束力を肯定した世話法の第3次改正，具体的には1901a条以下の規定がこれである[14]。

IV　臨死介助，治療中止，自殺幇助の不処罰の根拠

1．患者の自己決定権と臨死介助

　近時，（積極的）臨死介助に関するこれまでの論証に検討を加えた Neumann[15] は，患者の自己決定権の尊重を訴える。すなわち，自殺の違法性を肯定する見解に反して，生命権から「生きる義務」は導かれず，「生命は最高の価値である」との主張は人間の尊厳の原則との関係では相対化されるべきであるとし，刑法216条をもってする論拠も，同条は他人の殺人を念頭においた規定であり自殺行為に関与するものではないとする。また，人間の尊厳の原則の要請から（積極的）臨死介助の禁止を導く考えには，医師の職業倫理を根拠にするならば，その前提として，自殺幇助が非道徳的である旨の証明が必要であるという。

　さらに，患者の「自律性」について，Neumann は，「臨死介助の措置を正当化する有力な論拠は，人間の尊厳の原則から導かれるところの人の自律的な自己決定原則に由来するものであり，この論拠によって，とりわけ，死を望む者が自らの生命を自らの手で絶つことができないような場合には，他者の助けを

---

14)　鈴木・前掲（注10）279頁以下。

15)　Neumann, Standards valider Argumentation in der Diskussion zur strafrechtlichen Bewertung von Maßnahmen der "Sterbehilfe", Festschrift für Hans-Ullrich Paeffgen, 2015, S. 317. Vgl auch Hillenkamp, Ärztliche Hilfe beim Suizid-ver- oder geboten, Festschrift für Kristian Kühl, München 2014, S. 532 ; Hilgendorf, Die Autonomie von Notfallpatienten. Festschrift für Christian Kühl, 2014, S. 518.

92

借りてこれを実現することに法的な可能性を開くべしとの要求が裏づけられる」とし，このような前提に立って，（積極的）臨死介助にあたるような事例にもドイツ刑法34条（正当化的緊急避難）の適用の可能性をみるのである。

2. 患者の自己決定権と治療中止

1) 治療中止を刑法34条の正当化緊急避難に求める見解

可罰的な積極的臨死介助との区別が問題となる治療中止の事例について，従来，ドイツでは，「作為による不作為」と構成することで刑法211条（謀殺罪），212条（故殺罪），216条（承諾殺人罪）の構成要件該当性を否定し，行為者の処罰の回避を図ろうとする見解が有力であった[16]。他方，患者の現実の意思を考慮した人工延命治療の中止（例えば，胃瘻チューブの切断や人工呼吸器のスイッチを切ること）を作為と評価してこれを合法であると判示し，消極的臨死介助には作為・不作為が共存するが，そのいずれであるかは可罰性にとって決定的でない（作為と不作為の上位概念としての「治療中止」という概念の創設）とした2010年のBGHのPutz判決（BGHSt 55, 191.）は構成要件該当性ではなく違法性レベルで問題解決を図ったものとされ，これにより不作為犯構成によらずとも治療中止が正当化される余地が認められることとなった[17]。すなわち，「（同判決は）治療の中止は多くの積極的・消極的行為を包含しているので，これに関連する全ての行為を「治療の中止」という規範的・評価的な上位概念に包摂させることが有意義であるとする。なぜならば，基本法1条1項，2条1項から導かれる個人の自己決定権は，人が自己の生と死について他者の影響を受けずに決断する権利を保障しているので，患者が治療を行わないことを要求しうるならば，それは望まない治療の終了についても同様に認められなければならず，例

---

16) Roxin, strafrecht, AT. Band II, 2003, §31. Rdn. 99f. 115f.

17) 本判決は，患者の意思を尊重することには拘束力があるとして患者の指示書について定めたドイツ民法の世話法の改正後に出された。詳細は，武藤眞朗「ドイツにおける治療中止」甲斐克則編『医事法講座第4巻　終末期医療と医事法』（信山社，2013年）194頁など参照。

えば人工心肺装置や栄養補給ゾンデの取り外しがそうであるように，取り外しという積極的な行為とするか，あるいはその後の治療措置を行わないという不作為とするかはどちらでもよいからである」とされたのである[18]。

　現在のドイツの学説では，治療中止の正当化は正当化的緊急避難の理によるのが多数説であろう[19]。Sinn[20]は，Roxin に代表される上記不作為犯構成を批判しつつ，以下のように主張する。すなわち，延命機器を停止する医師は，不作為，すなわち，「救助行為から手を引くこと」を行っているわけではない。むしろ，患者の具体的な死を作為によって導き，生の時間を短縮しているのである。不作為犯構成は，刑法 216 条の可罰性を排除するトリックであり，技巧的である。治療中止は，治療の継続についての承諾能力のある患者による有効な承諾が欠けており，したがって治療を継続することが身体に関する自己決定権の侵害である場合に許容され，同時に，必要とされる。医師による治療権が消滅すれば，その生命延長義務もなくなる。医師は，救命措置を望まず，確実な死を甘受する患者の自己決定権を尊重しなければならない[21]。作為義務のない者による合意に基づく治療中止は不可罰であるが，それは，患者の自己決定権に従っているからであり，その理論的根拠は，刑法 34 条の正当化緊急避難によるべきである，と。

---

18)　鈴木・前掲（注 10）341 頁。同判決は，「憲法上保障される患者の自己決定権を根拠にして，治療中止の問題を，事実的ないし推定的同意による違法性阻却の問題として解決しようとしたものであり，これを作為とするか不作為とするかは，判決の文脈上，必ずしも重要な意味をもつものではないと思われる」とされている。

19)　ドイツおよびスイスでは，間接的臨死介助の正当化根拠については，正当化緊急避難の枠組みの中で検討されているというのは，神馬幸一「間接的臨死介助（安楽死）の正当化根拠」獨協法学 101 号（2016 年）196 頁以下参照。

20)　Sinn, Systematischer Kommentar zum Strafgesetzbuch, 8. Aufl., 2013, § 212 Rn. 28, 51f.

21)　BGHSt 32, 378 ; BGHSt 37, 378 ; 40, 262. その際考慮されるべきは現在の意思であり，それと反する患者の指示書ではないとされる（患者の指示書に対する患者の意思の優先）。

2)　治療中止を患者の承諾の理論に求める見解

　これに対して，刑法 34 条は個人間の法益の衝突にのみ妥当し[22]，同一法益主体内の法益の衝突には適用できないとして，治療中止の正当化の根拠を承諾論にみいだそうとするのは Duttge である。Duttge は，概念的には「治療中止」ではなく「療法 (Therapie) 制限」の用語が適当である。療法制限の正当化事由は自己決定権の表現としての承諾か推定的承諾であり，療法が医学上も必要で患者の意思に沿う場合には，さらにその継続が必要である。重要なのは，刑法 216 条の要求に基づく積極的・直接的な治療中止による殺人との関係から，許される生命救助が違法な行為へと，必要的致死行為が可罰行為へとかわる限界，許される治療中止と可罰的な治療中止との区別を正しく明らかにすることである[23]，という。

　Hilgendorf も，医的侵襲の正当化は緊急避難ではなく承諾理論によるべきで，より適切に患者の自律を考慮しうるという点で推定的承諾による正当化もまた刑法 34 条の正当化的緊急避難による正当化よりも優先されるべきであって，これは治療拒否にも当てはまるという[24]。

　一方，わが国では，上記川崎協同病院事件最高裁決定で示された，本人の自己決定権やその推定的意思に基づく家族の意思を[25]，また，治療義務の限界に由来することを治療中止の正当化の根拠とする見解がある。前者には家族による代行意思の可否，後者には「限界」の線引きの困難[26]等が指摘されている。

---

22)　この問題については，山中敬一「臨死介助における同一法益主体内の利益衝突について」近畿大学法学 62 巻 3 = 4 号（2015 年）265 頁以下参照。

23)　Duttge, Das geltende Sterbehilferecht in Deutschland, Human Dignity at the end of life, Ethical, medical, sociological and juridical aspects, 2016, 313ff.

24)　Hilgendorf, a.a.O. (Fn.15), S. 509.

25)　代表的なものとして，甲斐克則「安楽死・尊厳死」西田典之ほか編『刑法の争点』（有斐閣，2007 年）37 頁，同「終末期医療における病者の自己決定の意義と法的限界」飯田亘之・甲斐克則編『終末期医療と生命倫理』（太陽出版，2008 年）39 頁以下などを参照。

26)　井田良「座談会　終末医療と刑法」ジュリスト 1377 号（2009 年）103 頁，同「安楽死と尊厳死」前田正一・氏家良人編『救急・集中治療における臨床倫理』

また，治療中止における刑事訴追の回避に一定の効力が得られるとして，ガイドラインに則った——そこには上述の注意点も存するものの——手続の有無を重視する見解も存する[27]。

そして，有力に主張されているのは，患者の自己決定の思想に依りつつ，ドイツの「作為による不作為犯」という構成に立ち，「治療行為を最初から差し控えること」と「開始した治療を中止すること」とは刑法上同列とされるべきとする見解である[28]。同説に立てば川崎協同病院事件における抜管という「作為的行為」についても正当化が可能で，同説に好意的な評価は少なくないが，ドイツでは Putz 判決のように異なる理論構成に立つ判例が現れて新たな理論の段階にさしかかっており，今後の展開が期待されるところである。

3．患者の自己決定権と自殺幇助

ドイツでは，刑法上不可罰とされる自殺関与と可罰的な積極的臨死介助との区別が大きな問題であるが，両者の区別は極めて相対的であり，許容される医師による自殺幇助の要件とその根拠が模索されてきた。判例の推移のなか，Putz 判決のように治療中止に自己決定権に基づく死の権利を尊重する理が当てはまるならば，真摯かつ十分に考え抜かれた自由答責的な自殺の意思も当然尊重されるべきとされ，現在，ドイツでは，患者の自己答責的な自殺行為における医師の幇助については，民法 1901a 条以下の規定の影響下のもと，その可罰性は否定されるとする見解が有力である[29]。確かに，可罰的な承諾殺人との

（克誠堂出版，2016 年）71 頁以下参照。

27) 特に，樋口範雄『続・医療と法を考える』（有斐閣，2008 年）79 頁以下が示唆に富む。

28) 井田良「終末期医療における刑法の役割」ジュリスト 1377 号（2009 年）83 頁，井田・前掲（注 26）80 頁など。

29) Hillenkamp, a.a.O. (Fn. 15), S. 536. Hillenkamp は，少なくとも極限状態において，医師による自殺幇助を認めることは望ましいどころか必要とされるべきで，それが倫理的にも正当で，医師の使命とも両立しうる「最後の貢献」であるとしている。

倫理的な差異はわずかであるが，しかし，不可罰的な自殺の幇助は患者の自己答責性・自由答責性，そして完全な意思の存在によって導かれるという点において両者は法的に区別されるというのであり[30]，このような理解はドイツ法曹大会刑法部門においても共有されている[31]。

　一方，間接的臨死介助は推定的意思をもって許容・正当化され，また，終末期医療で問題となる事例の大部分が医師の介助による消極的臨死介助であることから，わが国では，自殺関与（幇助）に関しても，類型として消極的な不作為形態である「消極的自殺関与」という類型のもとで，違法性判断において正当化する見解もある[32]。すなわち，自殺関与を「自殺患者をその真摯な願望に応じて死にゆくにまかせる不作為による幇助である『消極的自殺関与』」と，「致死薬の調合ないし自殺装置の調達による幇助である『積極的自殺関与』」とに分類した場合，前者は輸血拒否，消極的安楽死，さらには人工延命拒否（尊厳死）に通じており，当該医師の行為は自殺関与罪の構成要件に該当しても，違法性判断においては治療拒否ないし延命拒否という対抗利益が優越するため正当化できると考えられる。これに対して，後者の場合には，実質的には積極的臨死介助と差異がなく，正当化は困難であり，場合によって責任阻却による不可罰が導かれるに止まると解すべきであろう，というのである。

---

30)　自己決定権は国家の保護義務に対しても貫徹されることから，自由答責的な自殺における本人の意思に反する保護は基本的秩序と一致しないパターナリズムに陥るともされる。武藤・前掲（注17）188頁，206頁。神馬幸一「ドイツ連邦通常裁判所2010年6月25日判決（Putz事件）」法学研究84巻5号（2011年）109頁，甲斐克則「ドイツにおける延命治療中止に関するBGH無罪判決」『年報医事法学26』（日本評論社，2011年）286頁など参照。

31)　自殺を決意した者の自由答責性をどのような基準にしたがって判断すべきかについて，Otto（鈴木彰雄訳）「自殺の幇助と自殺の介助」比較法雑誌50巻1号（2016年）117頁。

32)　甲斐克則『医事刑法への旅I』（イウス出版，2006年）218頁。さらに，医師による自殺幇助の法制化を主張する考えもある。神馬幸一「医師による自殺幇助」甲斐克則編『医事法講座第4巻 終末期医療と医事法』（2013年）79頁以下。

V　臨死介助協会の現状と「業としての自殺援助処罰法」

1．臨死介助協会の現状

　終末期医療の問題が上記のような状況である一方，近時注目されるのは自殺幇助を専門的に提供する先述の臨死介助協会の広がりである。臨死介助協会による自殺幇助の件数は年々増えているが，これらの協会の活動を直接に規制する独自の法律は存在せず，死を望む者にも幇助を行う者にも移動の自由があることから，議論は一国固有の問題ではない。

　加えて，組織的な自殺幇助の広がりにおいて懸念されるのは，臨死介助協会を介して生死を選ぶ決定権の一般化によって生じる権利の濫用の危険性であり，また，逸脱や規範違反の基準が明確でないことから，そのような例に気づきにくく，対処も困難で，しだいに道徳的価値観の変遷や，本来効果的である管理メカニズムや良心の作用の衰退を招くことであるとされている。そのため，有効かつ広範囲な規制と予防的保護策の早急な構築が必要である，と主張されているのである。これに対する刑法学者の批判があることはいうまでもない。

　臨死介助協会の活動について，国ごとに対応は異なるものの，その一律の禁止に対しては，主に自己決定権の見地から異議が唱えられるであろうし，同時に，すでに多数の会員を有している協会の場合，実際に禁止することは困難であろう。むしろ，重要なのは，臨死介助協会が遵守すべき注意基準を定め，自殺を望む者がその意思を自由に決定し，明示したか，その意思は熟慮に基づき，また，継続したものであるかを，明確にさせることである。

　さらに，判断能力のない患者についてはどのようにするのか。医師の関与はどのようにあるべきか。そして，どのようにしたら自殺が営利目的の対象にならないかについても，明らかにされるべきである。

98

２．業としての自殺援助処罰法

　このような状況の中，ドイツでは，2015年末，長らく議論が続いていた自殺介助に制限を加えようとする新規定，刑法217条（自殺援助処罰法）が多くの刑法学者による批判の声がある中，可決・成立した[33]。同規定は，組織化された自殺介助が商業化・ビジネス化するまえに，これに歯止めをかけようとしたものであるといえようが，マスコミでも大きく取り上げられ，議論をよぶこととなった。

　新217条は以下のような規定である。

217条　業としての自殺援助
(1) 他人の自殺を援助する目的で，業として自殺の機会を付与し，調達し，あるいは斡旋した者は，3年以下の自由刑又は罰金に処する。
(2) 自ら業として行為せず，かつ第1項に規定する他人の親族又はその他人と密接な関係にある者は，共犯として処罰しない。

　同条文にかかる処罰には，死に至る機会の付与，創設，仲介を反復または継続して行うこと，またその目的が必要とされるが，手段には，死に至る方法の情報の提供も含まれている[34]。この新規定の問題性について，議論を整理・確認しつつ検討し，いち早く反論を加えたのは，HilgendorfとRosenauである。その内容は，概要，以下のとおりである[35]。

---

33) 拙稿・前掲（注3）647頁以下参照。
34) BT-Drs.18/5373 18. もっとも，間接的，消極的臨死介助は，自然の病気の経過に介入しないので，不処罰であるとされている。Duttge, Strafrechtlich reguliertes Sterben, NJW 3/2016, S. 122f.
35) Hilgendorf/Rosenau, Stellungnahme deutscher Strafrechtslehrerinnen und Strafrechtslehrer zur geplanten Ausweitung der Strafbarkeit der Sterbehilfe, medstra, 2015. Heft 3, S. 129ff., Rosenau/Sorge, Gewerbsmäßige Suizidförderung als strafwürdiges Unrecht? NK, 25. Jg. 2/2013 S. 109. 詳細は，拙稿・前掲（注3）

第4章　終末期医療における患者の承諾と自律　*99*

すなわち，法案は，① 基本法にも刑法的にも，医事法的にも拒否されるべきであり，② 近年の立法者や裁判所による自殺幇助の非犯罪化に逆らうものであり，そのような法案がなくとも，③ 警察法や刑法が，自殺者の自由意思が十分に確認されない場合には有効な手段となりうる。患者との信頼に基礎を置き，刑法的規制に敏感である医師の活動領域が，熟慮なき刑法の拡張によって処罰可能なグレーな領域に組み入れられることは誤りではなかろうか，とする。

そして，2人が反論の具体的根拠として挙げているのは，次の点である。

a)　消極的・間接的臨死介助の議論においては，患者の明示の意思による自殺介助の望みを尊重しこれを許容することは，たとえ生命の短縮に結びついたとしても許容されるとして，すでに，長きにわたって承認されてきた〔歴史的根拠―〔　〕内は筆者の注。以下同じ〕。

b)　ホスピスや緩和病棟では継続的に組織的な臨死介助が行われ，その結果，生命の短縮に結びつくとしても，このような行為は無制限に肯定的に評価されてきた。そして，刑罰によって阻止される代わりに，十分な資金的援助によって支えられてきたのである〔事実的根拠〕。

c)　自殺は可罰的でないからその幇助も可罰的でないというのが，実証された刑法理論上の原則である〔理論的根拠〕。

d)　基本法2条1項とあわせて1条1項によって保障された個人の自己決定権は，自らの死についても及ぶ。2009年制定の患者の指示法によって立法者はこれを明確に示している。新規定は自己決定権を侵害し，比例原則に反しており，そこでは，刑法は「最後の手段」でなければならないとする原則も考慮されていない〔基本法的根拠〕。

e)　医師と患者の関係が法的に規制されるのは限定的に許される場合のみであり，刑法にあってはなお一層のことである。医師の自殺介助行為の可罰性は，したがって明白に否定されるべきである。医師の良心の自由――基

654頁以下参照。

本法 4 条 1 項——は，医師と患者との関係をも含む。新規定は基本法上の理由からも拒否されるべきである〔自由権的根拠〕。

f）医療倫理や社会倫理ならびに刑法の基準に照らして許容される，あるいはそれどころか肯定的に評価される医師の措置を，医師の職業法は禁止すべきではない。死に際しての医師の介助は良心に基づく決定として許されるのである〔職業法的根拠〕。

g）自殺を望む者には特別な配慮と寄り添いが必要であるが，自殺介助を可罰的とすることで処罰を恐れて医師が患者と距離を置くことになれば，それによって医師の専門的な援助は困難ないし不可能となり，その結果，患者をして残酷な方法での自殺に向かわせることになる。目標とすべきは，反対に，できるだけ多くの自殺希望者に寄り添い，ドイツにおける自殺者の数を減少させることである。そのための方策として，刑法的手段は全く適していないのである〔倫理的根拠〕。

新刑法 217 条のもっとも大きな問題性は，適用範囲が不明確であるということである。とりわけ，「業として」という法概念は不明確である。立法関与者は，この法案において扱う行為は反復することを意図した組織的な行為であると説明するが，末期の患者を扱う医師は，自殺を一度ならずも嘱託されることがあるだろうし，そうした場合にその嘱託を実行すれば可罰的となると批判がなされている。

これに関連して，Hilgendorf は，217 条の成立範囲を限定するアプローチとして——結論的にはいずれも不十分であるとしつつも——，①「自殺の機会の提供」を，作為的な自殺に限定し，不作為犯的な，例えば絶食死や治療中止などによる自殺を排除すること，②「業として」という要件に関して，緩和医療や終末期医療に関しては，業務性を否定すること，③ 主観的要件に関して限定を加えること，などが考えられる，というのである[36]。

---

36) Hilgendorf, Neue Regeln für den assistierten Suizid, 比較法雑誌 50 巻 1 号（2016年）31 頁。Hilgendorf は，いずれのアプローチも不十分であるとしても，自由答責的な自己決定，すなわち，被害者の承諾を根拠として正当化を図ることが可

VI 結びに代えて

ドイツでは，自己決定権に基づく治療行為の中止，自己答責的な自殺に関与する医師の行為についてはこれを犯罪としないという方向性が国民各層の議論の中で生じており，また，近時の判例や患者の事前指示法によってもこの動きは確認される。このような流れは今後ますます趨勢を得ていくであろう。生物学的終焉段階以後の場合にはもちろん，それ以前の段階におけるすべての臨死介助も——そのほとんどがわが国と同様消極的臨死介助ではあるが——，自己答責的な自殺幇助についても，不可罰とする方向にあるのである。判例も立法も，このような推移の中にあることは本文で示したとおりである。すなわち，治療中止については，患者の意思に基づくかぎり，病気の種類や段階を問わず，死への過程がすでに始まっているかいないかを問わず，また，作為・不作為のいずれによる場合でも，これを治療行為の1つと解することで正当化を図ろうとしており，ここでは，自己決定権は国家の保護義務に優先し，患者の意思に反する治療は，むしろ専断的治療行為として，刑法223条の傷害罪の対象となりうるとされているのである。このような認識は，法曹界の間でも，医師会の間でも，一般に承認されている。なるほど，治療中止の正当化については，刑法34条の正当化的緊急避難の法理に根拠を求める見解と，被害者の承諾の法理に基礎をおく見解があるが，いずれにおいても，患者の自律に基づく自己決定権と，それによる医師の治療義務の喪失が確認されている。

自殺援助処罰法制定などの動きはあるにせよ，ドイツにおいて治療中止や医師の自殺関与行為の不処罰化の流れは止まらないであろうことを思えば，わが国においても，来るべき国民の意識の変容に備えて，終末期医療におけるチーム医療体制の構築や医療コーディネーター関与体制の充実などとともに，治療

能であるとしている。その際，自由答責的ないし決定という要素が重要となり，立証を確実にするためにも，この意思表示を「書面」に表すことが必要であるとする。

中止や尊厳死，さらには医師による自殺関与の問題についても，これをいかにすべきか，そのガイドラインの策定およびその終末期医療の実務における定着，それに基づく医療中止等の措置について刑事司法側からの尊重などが一層望まれているというべきではないかと思われるのである[37]。具体的には，治療中止については，上記「患者の自己決定」と「治療義務の限界」という2つの基準を治療行為の中止の正当化の根拠とすべきであり[38]，各ガイドラインに則ることで少なくとも医療行為における刑事訴追が回避されるような環境整備がなされるべきであろう。そのためには，わが国では，まず，リビングウィルの明示という文化を根付かせることが重要であり，その普及によって，医療現場においてもリビングウィルを尊重することが一般となっていき，それがさらに国民の間に共通の認識として浸透することが期待されるのである。

　もっとも，その前提として，いくつか確認されるべきこともある。

　臨死介助にかかる諸問題を解釈する際に，憲法13条を根拠とする患者の自己決定権を基礎にすることは，当然のこととして確認されるべきである。判例では，患者の自己決定の理論ならびに無意味な延命治療は義務ではないとする医師の治療義務の限界という点に，治療中止の法的根拠が求められた。もっとも，自己決定を議論の前提とするときには，自由な意思に基づいた自己決定権が行使される状況が整っていることが肝要であり，「強制的あるいは義務的な自己決定」とならないように，周到な配慮が求められるであろう。また，自己決定は，真意に基づく自己決定でなければならない。自殺幇助を一定の要件の下で非犯罪化しようとするドイツにおいても，自殺者の自己答責性の問題が議論の俎上にのぼっている。彼の地では，暗数や未遂事例を除き，自殺件数は約

---

37)　樋口・前掲（注27）79頁参照。ガイドラインとしては，厚生労働省のガイドライン（「終末期医療の決定プロセスに関するガイドライン」），日本救急医学会のガイドライン（「救急・集中治療における終末期医療に関するガイドライン——3学会からの提言」）などがある。

38)　なお，患者の自己決定権のみによる正当化の問題性については，辰井聡子「治療不開始／中止行為の刑法的評価」明治学院大学法学研究86号（2009年）57頁以下参照。

11,000 から 12,000 件といわれているところ，自殺に関する研究によれば，自己答責的な自殺はむしろ例外的なものに属し，多くは統合失調症や鬱（うつ）など，病的な精神的障害に基づき生じているとされている。ドイツの議論でつとに強調されているように，患者の真意による意思決定であるかについては，医師による十分な確認がなされなければならない[39]。

そして，上記の指摘は，いうまでもなくわが国の患者の意思の確認に際しても妥当するものであろうと思われる。わが国において，自己決定の尊重を基礎とした，治療中止の正当化等の臨死介助をめぐる諸問題については，実は，その解決を模索する端緒についたばかりともいえるのであり，今後，われわれは，課題の1つ1つに，真摯に，かつ時間をおくことなく向き合っていかなければならない。

ドイツ刑法 217 条の自殺援助処罰法の立法化は[40]，自殺介助組織の行為を対象としているが[41]，その背景には，医療費の高騰や医療制度への国民の不安を背景として，将来なんらかの外在的な圧力によって死を決断させられるのではないかという多くの市民の潜在的な不安が広がっていることが想起されよう。自殺は，ドイツの社会において，次第に「通例」となり「社会的に相当」であるとみなされかねず，自殺がタブーでなくなることも危惧されているといわれているのである[42]。そのほか，ドイツにおける政治的背景，すなわち，死に関

---

39) なお，患者の指示書には不可避の構造上の欠陥があり，それは，実際のところは患者の意思の真の表現でもなければ，法的安定性の要請を満たすものでもないとする指摘がある。拙稿・「臨死介助・治療中止・自殺幇助と『自己決定』をめぐる近時の理論状況」井田良ほか編『椎橋隆幸先生古稀記念 新時代の刑事法学［下巻］』（信山社，2016 年）143 頁以下参照。

40) https://www.bundesverfassungsgericht.de/SharedDocs/Entscheidungen/DE/2015/12/rk20151221_2bvr234715.html

41) 2015 年には 92 人の自殺に関わったとしている臨死介助ドイツ協会は，217 条は自己決定権を否定するもので基本法違反であると，いち早く声明を出している（http:// www.sterbehilfedeutschland.de/）。

42) Vgl. Kangarani, Das neue Verbot der "geschäftsmäßigen Suizidförderung" im StaStrafgesetzbuch, Forum für neue kulturelle Dimensionen 1 2016, S. 49.

104

するビジネスをタブー視し，死は個人が自ら決定すべきことではなく，神の意思に委ねなければならないという，CDU（キリスト教民主同盟）の一部の会派の主張も反映しているとみられている。他面で，そこにはポピュリズムが見え隠れしている。

ドイツでは，刑法217条の規定によって自殺介助組織の活動はかなり制約されることになったといえよう[43]。とはいえ，新たな処罰規定をみれば，自殺介助組織のみに対象が限定されることはなく，私人を含めて誰でも，業として自殺介助行為を行えば可罰的となりうる[44]。抽象的危険犯である構成要件は不明確であり，また，処罰の早期化，刑法的介入の前倒しが図られている。さらに，対象者の保護の必要性は高くなく，保護の手段も抽象的かつ間接的でもある，と批判されている[45]。

ドイツでは自己決定権に基づく（意識的かつ自由答責的な）自殺が，権利とまではいえずとも[46]，保障されるべき自己決定権の行使の1つとされ，その意思は可能な限り尊重されるとされているが，その観点からすると，当該217条の構成要件は基本法が要請する「最後の手段」といいうるのか，補充性を充たすのかについては異論があり，自殺幇助の可罰性の範囲の拡大は，多くの研究者の危惧するところである。加えて，この法律によって，医師と患者との関係に軋みが生じる可能性も指摘されている[47]。これらの批判の一方で，臨死介助協会の活動を制限するとしても，自殺介助に否定的な連邦医師会を前にして，そ

---

43) すでに，緩和医療において，この問題は顕在化している（http://www.lto.de/recht/hintergruende/h/gesetzgebung-sterbehilfe-tatbestandsmerkmale-analyse/）。

44) Kangarani, a.a.O. (Fn. 42), S. 49.

45) 佐藤・前掲（注6）368頁は，「自殺の非タブー化や終末期患者の自殺の日常化に対する懸念から，自殺の商業化を招くおそれのある行為を刑法上禁止することは，およそ不合理だとはいえないように思われる」としている。

46) 自殺が純粋に権利であるとすれば，身体が動かなくなった場合に，国家は生命の断絶を行う義務があることになる。

47) 医師と患者との関係への悪影響については，Duttge, Strafrechtlich reguliertes Sterben, NJW 3/2016, S. 124.；Hilgendorf, a.a.O. (Fn. 36), S. 4.

第4章　終末期医療における患者の承諾と自律　105

の受け皿をどうするかも問われており，そこで，現在では，医師による自殺介助の不可罰性を法律で明記すべきであるとする主張もなされている[48]。

　これら自殺介助についての分析枠組みは，ヨーロッパと異なり死期について特有の感じ方を有しつつも，終末期医療のあり方についても彼の地に徐々に近づきつつあるわが国の臨死介助をめぐる考察にも，裨益するところは少なくない。ドイツおよびスイスにおける自殺幇助の議論にあって注目されるのは，死とは取り返しのつかない不可逆的なものであるから，死について，最終的な決定を自ら自由に行ったとするためには，患者の病気の有無や精神状態を医師が正しく把握し，国家の側では，その決定のプロセスについて不断のコントロールが必要であるとされている点である。これに関して，他方，上述のごとく，自殺の多くは自己答責的なものなどではなく，鬱病等，何らかの精神の病によるものであるとする主張は[49]，自殺という行為の本来的意味を問う点で極めて傾聴に値するものであり，わが国の議論にも資するものである。自殺援助処罰法については，ドイツにおいては多くの刑法学者によって批判されているが，自殺幇助を処罰し，脳死をもって人の個体死とすることについても，それが法的確信となるまでには至っておらず，人の終期の問題に敏感なわが国では[50]，受け止め方を異にするであろう。自殺援助処罰法の処罰範囲が広範囲であることを危惧する見解が多いが，自殺の実体が上記のようなものであることを踏まえ，上記処罰法の保護法益とかかる組織の拡大を直視すれば，ドイツにおいても一概に補充性がないとまではいえないと思われる。

　現在，急激な高齢化の中，終末期における耐え難い苦痛，自律の喪失と第三者への完全な依存への不安というものを背景に，ドイツやスイスにおける組織的な自殺介助組織は拡大しているとみられている[51]。しかし，わが国において

---

48)　佐藤・前掲（注6）366頁。

49)　拙稿「医師による自殺法の可罰性について」中央ロー・ジャーナル5巻1号（2008年）84頁参照。

50)　Tadaki, Zur gegenwärtigen Situation der Organtransplantation von Hirntoten, (im Erscheinen) 参照。

自殺幇助は処罰の対象となっていることから，自殺を幇助する活動を行う
Dignitas のような組織に自殺希望者を送り込む行為や，当該組織について情報
の提供をした者は，自殺教唆や自殺幇助として処罰されうるであろう。イギリ
スでかつて問題となったように[52]，日本国民が臨死介助協会での自殺を目的と
して出国しようとした場合，公的機関はこれを阻止できるのかも問題となりう
る。

　自殺者の精神的状況については，何らかの精神の病によるものである可能性
が大きいことから，法政策的にも自殺違法説が法的安定性に資するとする説も
有力である。これに対して，自己決定権の保障と生命という絶対的法益の保護
の相克にあって，死を選択する権利は，憲法 13 条の基本権に含まれるとする
考えもあるが[53]，死を目前にした患者に限定しての立論であり，生きる義務を
否定したにすぎないともみることができる。自殺適法説を基礎にした，刑法
202 条違憲説も有力であるが，まだ試論の域を出ないように思われる。わが国
では，同条の規定があるかぎり，これを根拠に，自殺幇助につながる行為につ
いては，これを阻止できると考えるのである。彼の地においては，事前の患者
の指示書に関する法律がある。患者が事前に，どのような状況の下で治療中止
を望むか，これに記入するのである。わが国でも，同様に，自己決定に基づい
た死とその迎え方を考えるリビングウィルの文化が芽生えつつあるが，その雛
形をそこにみることができる。臨死介助を行う組織が今後も存続していくであ
ろうことについては，大方の意見の一致を見ているが，事前の指示書があれ
ば，判断能力のない患者についても自殺を認めるのかについては議論が多い。

---

51)　Bundestagsdrucksache 18/5373, S. 8f. このような状況に危惧を覚え，2010 年，
　　スイスでは海外からの「自殺ツアー」を規制し，2011 年，ドイツ医師会は「自
　　殺介助」に制限を付したのであった。

52)　今井雅子「イギリスにおける自殺幇助をめぐる最近の動き」東洋法学 54 巻 3
　　号（2011 年）236 頁。裁判所は，地方当局による出国の差止めを認めなかったと
　　のことである。

53)　松居茂記「安らかに死なせてほしい」松居茂記編『スターバックスでラテを飲
　　みながら憲法を考える』（有斐閣，2016 年）11 頁。

第4章　終末期医療における患者の承諾と自律　*107*

また，医師の関与のあり方はいかにあるべきか，医師が自殺を看取ることは必要か，事前にどのような説明をなすべきなのか，自殺幇助は臨死の時期にある患者に限るのか，それとも重い慢性疾患のある者，あるいは，健康であるが鬱病を患っている者にも可能なのか，などは重要な課題とされている。同時に，彼の地でも，緩和医療・ホスピスと自殺幇助は両立し，いずれからのアプローチも不可欠であるとの意見が大勢であることは確認されるべきであろう。そして，これらの議論は，リビングウィルのあり方を含め，自殺幇助の可罰性についてはいまのところ大きな争点となってはおらず，消極的臨死介助，すなわち，治療行為の差し控えや中止（尊厳死）が中心的課題であるわが国の議論にも参考となるものと思われる。そして，臨死介助協会の今後の推移は，上述のように，すでに，日本人を対象とした自殺介助の事例が報告されていることから，わが国にとっても，もはや他国での無縁な話題としては片付けることのできない状況にあると考えられるのである。

　グローバル化が進んでいても，洋と和の違いがあり，その最たるものの1つが生命倫理と法の分野でいえば死生観の相違であり，人の始期と終期を巡る見方・感じ方も異なるのである[54]。

　医師による自殺幇助・治療中止・臨死介助の問題についての法整備に関しても，したがって，ベネルクス3国では積極的安楽死・自殺幇助を明文において認めており，フランスでは，いわゆる尊厳死法によって人工延命治療の差し控え・中止を認めており，ドイツでは，第3次世話法改正（成年後見制度の改正）により民法の規定によって治療行為の中止につき法的な解決を図った。他方，尊厳死・治療行為の中止については，イギリスやスイス，あるいは日本では，法整備という方策ではなく，ガイドラインによって対応（遵守していれば犯罪として起訴しないという運用）しようとしている国もある。死生観や文化的背景，あるいは，医療制度や家庭医制度の浸透の度合いにも左右されよう。

　ドイツでは，基本法1条の人間の尊厳から直接に導かれる自己決定権が，終

---

54)　拙稿・前掲（注50）参照。

末期医療における個々の承諾論にストレートに結びつき，医療行為や法解釈の基礎をなしていること，物事を決する基本的な価値として承認されていることは，上述の通りである。自己決定という自由主義哲学が広く浸透しているともいえよう。その点，医療パターナリズムの側面が相対的には依然として残っているわが国とは異なる。

　ドイツ刑法 217 条の業としての自殺援助処罰法誕生の背景には，臨死介助協会の拡大を危惧する，CDU の聖職者・教権支持者の役割が大きかったといわれている。この点も，わが国の状況とはかけ離れているといえよう。

　ドイツにおける，医学と法学の日常的な理想的な対話の環境にも注目すべきである。

　交通や通信技術の革新的な発達による社会のグローバル化にともない，諸外国との「距離」は飛躍的に縮まり，物や人の行き来は日常化し，世界はより一層均質化している。その中で，終末期医療に関する取り組みは，種々の理由・背景から，いまだヨーロッパ諸国とわが国では異なる部分が少なくない。とはいえ，これまでの潮流を俯瞰すれば，以下のようにいうことができよう。すなわち，欧米と比べ生命の始期に対してより格段に深いと思われる終期への複雑な執着によって脳死や終末期の議論についてもいまだきちんとした終着点をみてはおらず，これが治療行為の中止や死の迎え方の問題にも反映しているわが国の状況の中にあって，しかし，議論は終末期医療の欧米化の流れの着地点を探る，ないし，ヨーロッパの状況を後追いしているといってよいであろう。とはいえ，わが国においても，自己決定やリビングウィルの考え方は浸透してきており，その意味ではヨーロッパとの距離は縮まっているといえるのであり，今後，国民の法的確信に基づくコンセンサスが生まれるならば，事の是非はともかく，彼の地の実情とわが国の実情との，また，医学と法学との距離は縮まって行くであろう。

第 5 章

医療における患者の自律と承諾能力

Ⅰ　は じ め に

　医療行為・治療行為とは，手術や投薬など，患者の心身の機能回復の目的で医学上一般に承認された方法により行われる医療上の措置をいう。これを規制するものとして，まずは，刑法上，民法上の法規範が挙げられる。すなわち，刑法では，身体に対する侵襲性をもつ治療行為が違法性を有しない，すなわち刑法上の傷害罪として処罰されない正当な行為として認められるためには，当該行為が，① 医学的適応性，および，② 医術的正当性を有し，かつ，本稿の以下において検討されるような条件を満たした ③ 患者の承諾（同意：インフォームド・コンセント）に基づいて行われること，という 3 要件があげられるのが通常である。ここに，「承諾（同意）」とは，一般的には，傷害にあたる自身の身体に対して向けられた侵襲について，その意味内容を認識・理解し受け入れることをいう[1]。この患者の承諾を可能ならしめるものが承諾能力であるが，この能力を明確にした規定は存在せず，その内容がいかなるものかが問題となっており，承諾をなした者への行為は犯罪を構成しないとの法理に基づく医療

---

1)　古く RGSt.25.3758（3758）は，治療行為は傷害罪に該当するところ，これを正当化するものとして患者の承諾，患者の自律性をあげている。

　　Böse, Zwischen Selbstbestimmung und Fürsorge, 比較法雑誌 50 巻 1 号（2017年）71 頁，Böse（冨川雅満訳）「自己決定と配慮とのバランス」伊藤壽英編『法化社会におけるグローバル化と理論的実務的対応』（中央大学出版部，2017 年）225 頁以下。

行為の正当化の論理に関わって，また，医療事故・医療過誤への対応をめぐって，同様にまた，民法上では，例えば，体外受精，人工授精等の生殖補助医療の契約の場面において等，諸分野で議論が展開されている。

このように刑法上，民法上の要件に照らして医療行為は規制されているが，承諾の有効性の判断や推定的承諾，代諾のあり方については，根本規範たる憲法原則上の自律，自己決定権といった権利との関係性を捉え直し，翻って，それらに基づく承諾論の検討が必要であると思われる。

本稿は，このような問題意識のもと，比較法的視点に立って，具体的にはドイツの近時の議論の動向を伝えることで，彼の地において，医療行為における憲法原則である自律・自己決定がどのように論じられ，それとの関係において承諾論がどのような理解にあるかを紹介し，わが国の今後の議論や法制化に向けての，同時に臨床実務の現場における指針策定の一助とするべく資料を提供しようとするものである。

II　医療行為の性質

ドイツにおいても，医療行為については，わが国と同様に，民事法的には医療契約という法律行為が，刑事法的には，患者の身体的完全性（Integrität）への侵襲が問題となり，後者については，医学的適応と承諾，そして医学準則（lege artis）[2]が考慮されなくてはならないとされている[3]。医療契約に基づくとはいえ，それによってすべての権限が医師に付与されるわけではなく，治療の枠内における個々の医学的措置も，そのつど，その医学的適応と説明に基づく患者の承諾を通じてのみ正当化され，医師の専門的管轄（fachliche Kompetenz）から，医師と患者の答責範囲の法律上の限界づけが導かれるのである[4]。すな

---

2) Lipp, Lipp/Knoche, Das Recht auf den eigenen Tod, GreifRecht, Heft 22 2016, S. 73. なお，同論文の翻訳は比較法雑誌に掲載予定である。

3) Lipp, Patientenvertreter und Patientenvorsorge, in : Patientenautonomie, 2013, S. 107 f.

わち，医師は，専門的な検診，診断および個々の措置のための適応性またはそれに反対する適応性判断において答責的となり，これらについて患者にそのつど説明しなければならない。医学的適応性は治療を行うための根拠であり，利益とリスクの衡量によって判断されることになる。それによって医師は治療を提案し，また，措置が禁忌である場合には治療を拒まなければならない。一方，医師が治療を提案しても，医的措置についてこれを承諾するか拒否するかについては，患者自らがこれを決するのであり[5]，これは患者の自己決定権の実現の1つである。この医療行為の正当性要件を背景とした，医的措置の放棄または既に開始されている措置の終了は，次の2つの根拠から法律上許され，そして要求され得る。すなわち，医的措置を開始ないしさらに遂行するための医学的適応性が欠ける，あるいは，患者が自律と自己決定に基づいて承諾を拒み，あるいは既に与えていた承諾を取り消す，のいずれかによってである。

III　自律と自己決定

　自律と自己決定については，例えば，Duttge によれば，医師と患者の関係は，構造的には力関係に著しい非対称性がみられるが，その中で弱い立場にあり「医療行為の客体」として扱われる患者の信頼は，医療関係者すべてに向けられている，という。Duttge は，現在の自由主義社会における医事法・医学倫理においては，かつてのパターナリズムを基礎とした医師と患者の関係の1つであるヒポクラテスモデル（あらゆる機能や責任を医師に委ねる強いパターナリズム）から転換して，医師の干渉の有無と程度に相関する患者の「自己支配」および共同決定に基づいた患者個人の権限が強調されている[6]，という。また，Lipp によれば，医療行為の第1の原則は，患者の健康に資することである

---

4)　ここから，治療中止の正当化が導かれる。Lipp, a.a.O. (Fn. 3), S. 109.

5)　Vgl. BT-Drucks. 16/8442, 7 ; BGHZ 154. 205 (225).

6)　Duttge, Patientenautonomie und Einwilligungsfähigkeit, in : Patientenautonomie, 2013, S. 77.

（»salus aegroti suprema lex）とされてきたが，今日確認されている第2の原則は，患者の自律が尊重されていることであり，したがって，従来のパターナリズムから患者と医師の協力関係へと医療行為をめぐるパラダイムの転換が生じているのである，とされる[7]。連邦通常裁判所（BGH）も，「ある者がなす，その思慮分別に従って，再び健康になるためにどのような条件のもとで自身の身体の無傷性を犠牲にすべきであるかという問いに関して，何人も審判者を僭称してはならない。この指針は医師をも拘束する。たしかに，病人を可能な限り治療するのは医師の重要な権利であり本質的な義務であるが，この医師の権利と義務は，……（患者の）自己の身体に対する自由な自己決定権という点で制約を受けるものである」としている[8]。

　ところで，自己決定の主体たる患者の承諾能力が減退した場合の自律の実現について，Lipp は，以下のように捉えている[9]。すなわち，基本法の自由主義的な法秩序は，自己決定の実現を目標とする個人として人を想定しているが，その個人は原則として，その生活環境を自由かつ答責的に自ら形成し，目標を設定し，そして，自ら限定を付す能力を有している。成人に達することで，すべての人は，法律上全面的に自己決定する人として扱われ，それにより，あらゆる法律行為を行うことができ，また，その行為に対しては答責的となる。しかしながら，例えば病気あるいは障害の影響で，自己決定的に判断したり行動したりする能力が欠けることがある。そのような人は，彼の権利を実際には有効に行使することができず，彼がそれを行使した場合にも，それが彼の自由な判断の表明と認められないこともある。しかしながら，そのような状態は憲法のもとでは受け入れられない。人間の尊厳の中核は，人間の自律である[10]。人

---

7)　Lipp, a.a.O. (Fn. 3), S. 106.

8)　BGHSt, 11, 111, 114. 臨死介助の領域で自己決定権の尊重がどのような現状であるかについては，Rosenau, Der Streit um die Sterbehilfe und die Suizidbeihilfe in Deutschland, 比較法雑誌 51 巻 4 号（2018 年）1 頁以下参照。

9)　Lipp, a.a.O. (Fn. 3), S. 106.

10)　Vgl. BVerfGE 5. 85 (204ff.).

第5章　医療における患者の自律と承諾能力　*113*

間の尊厳と自律は，あらゆる人に，それも身体的能力，精神的（geistig）能力あるいは心的（seelisch）能力とは無関係に，当然に帰属するものである[11]。したがって，自律の権利と自律のための能力とは区別されなくてはならない。自律を実現するための能力は身体的，精神的あるいは心情的欠損によって失われてしまうことがあり得るが，自律の権利はすべての人に，その身体的，精神的あるいは心的能力とは無関係に存続する。それゆえ，自律の権利は，行為無能力者および承諾無能力者にも認められ，基本法1条1項2文に基づき，国家により保障されなくてはならない。したがって，自己決定する能力を完全にまたは一部失っている人においても自律の権利が実現されることを，立法者は憲法に従って保障しなくてはならない。自律を実現するための能力の欠如を，当該能力が成年と比較して減弱している限度で回復させることによって，この保護義務を立法者は果たすのである。そのためにドイツでは，事前配慮代理権（Vorsorgevollmacht），法律上の世話（Betreuung），患者の事前指示（Patientenverfügung），委任によらない事務処理（Geschäftsführung ohne Auftrag）および推定的承諾という法制度を有しているのである，と。

　また，同じく Duttge によれば[12]，自己決定権は，すべての人間（人格）の尊厳を基礎づけている主体としての地位（Subjektstellung）の中核をなすものであり，いわゆる尊重要求もこの中核に含まれる。この尊重要求は，したがって，上述のように，患者自らが自己決定権を行使できない場合でも，失われるものではない。というのも，連邦憲法裁判所（BVerfG）によれば，「（基本法2条2項1文は，）人の身体の無傷性を，個々の具体的健康状態や病状に応じてのみ保護しているのではない。基本法は，人の身体的・精神的統合性の領域で，まずもって自由の保護を保障している。患者または身体障害者であっても，その身体的・精神的統合性に対する完全な自己決定権を有している」のであり，すべての治療的，診断的，予防的な医的侵襲には，それゆえ有効な承諾が必要である。

---

11)　Vgl. BVerfGE 39, 1 (41) usw.

12)　Duttge, a.a.O. (Fn. 6), S. 77 f.

自己の身体の無傷性に対する処分権は，（意思）決定が自由意思に基づいていること（外在的強制がないこと）と，いかなる選択肢があり，それぞれどのような帰結を伴うかを包括的に理解した上での「管轄」（承諾能力）を前提としている。決定をなすに必要な情報が欠如していたり，限定的制御能力のために決定の際に重大な選択肢を認識し，事実に即して「まさに自分自身の価値基準」[13]に見合った判断を行うことができなければ，法的な，行為の管轄はなく，この場合には，代理人（健康に関する全権受託者）または後見人（Betreuer）が代諾をなし，あるいは，緊急の場合には補助的に患者の「推定的承諾」の法理が用いられることになる。

IV　承諾無能力者と自律

患者において承諾能力がないと判断されると代諾を行う者が必要となる。しかし，その場合でも承諾無能力者の自律が否定されるわけではない。というのも，Böse によれば[14]，承諾能力は存否だけではなく程度も問題となるのであって，侵襲の内容に応じて，承諾無能力者もまたそれへの許諾の判断に共働し得ることから，その者の能力に応じて侵襲に関して自己の意思を実現させる権利が存する限り，その範囲において当事者本人の意思は尊重されなければならないからであり[15]，また，Lipp によれば，当該患者は，その限りで自己決定する能力が欠けているが，しかし自己決定権が欠けているわけではないからである[16]。

Böse は，承諾無能力の患者の自己決定権を法的に軽視することは承諾無能

---

13)　BVerfGE 52, 171 (173 f., 178).

14)　Böse, a.a.O. (Fn. 1), S. 74, Böse（冨川訳）・前掲（注 1 ）227 頁。詳細は，拙稿「医療行為に関する，とりわけ高齢患者の承諾能力」高橋則夫ほか編『刑事法学の未来―長井圓先生古稀記念』（信山社，2017 年）233 頁，243 頁以下参照。

15)　Amelung, Vetorechte beschränkt Einwilligungsfähiger in Grenzbereichen medizinischer Intervention, 2007, S. 24 f.

16)　Lipp, a.a.O. (Fn. 3), S. 110 ff.

力者の支援を謳っている障害者権利条約 12 条にも違反するが，ここにいう支援とは，当該患者に対してパターナリスティックに介入することではなく，その者の自己決定をできる限り後押しすることである。したがって，承諾無能力の患者も，行われる侵襲についてインフォームド・コンセントを受ける権利（ドイツ民法 630 条 e 第 5 項）を有している。それゆえに，患者の自律性は基本的に，その者の自己決定の可能性には関わりなく認められるべきなのであり，ただ，処分権の範囲がその能力に依存するにすぎないのである，としている。

　また，Böse は[17]，承諾無能力者の自律を尊重すべきことは，被世話人である患者の自律性を可能な限り広く認めている世話法（Betreuungsrecht）の枠組みをも規定している，という。すなわち，世話人は被世話人の福祉（Wohl）に反しない限り，その希望を尊重しなければならない（「自然的意思の基本的優先」）が，福祉は，生命や健康といった客観的な基準によってのみ決定され得るものではない。被世話人が自らの能力の範囲内で，その生活を自己の希望やイメージに応じて形作ることも，被世話人の福祉に含まれている。すなわち，その者の人格の発展についての主観的利益も尊重されるのである。世話とは平等権を実現するためのものであるから[18]，被世話人には，通常人に認められるのと同等の自由も認められるべきである，と。

　したがって，被世話人である承諾無能力者も，それだけの理由で治療を拒否する自由が否定されるものではない[19]。連邦憲法裁判所は，「病気のままでいる権利」を承諾無能力者にも明示的に認めている[20]。ここでも，当該決定が客観的には「理性的」であるとされても，それが法益主体の意思に反する場合には正当化されないことが示されているのである[21]。被世話人が，治療を望まないとの真摯な意思表示をする，あるいは治療に抵抗する場合には，その治療行

17）　Böse, a.a.O. (Fn. 1), S. 77, Böse（冨川訳）・前掲（注 1）229 頁。

18）　Vgl. Lipp, Freiheit und Fürsorge : Der Mensch als Rechtsperson, 2000, S. 154 f.

19）　Lipp, a.a.O. (Fn. 18), S. 156.

20）　BVerfGE 58, 208 (226) ; 128, 282 (304).

21）　Roxin, Strafrecht Allgemeiner Teil Bd. I, 4. Aufl. 2006, § 18 Rn. 5.

為は，客観的にはいかに患者のためになるものであっても，承諾無能力者の福
祉を論拠としては正当化されないのである（拒否権としての承諾無能力者の希望)，
と Böse は説明している。

V 承諾能力の基準

ドイツにおける承諾能力の実質的な基準について，Duttge は以下のように
論じている[22]。

医的侵襲への患者の承諾は法律行為にいう意思表示ではなく，したがって民
事法的な「行為能力」に適用されるドイツ民法 BGB104 条以下の年齢制限と
は関わらない[23]（この点はわが国と同様である）。その代わり，具体的事例におい
て，患者が十分に弁識・判断・自己制御能力を有しているかが確認されなけれ
ばならない。患者は自らの状況について十分に理解し，具体的に差し迫った侵
襲の「本質，意義および射程」，そしてその「方法，意義及び帰結」を把握し，
併せて自己の決定のプラス面とマイナス面とを，可能な代替案と比較して考量
できることが要求される[24]。対象は具体的な医的侵襲なので，求められる承諾
能力の程度は一定したものではなく，状況の複雑さと起こり得る帰結の射程に
応じて変化するものである。一般的には，重大かつ著しい侵襲を伴う干渉の場
合には，軽微な措置の場合よりも要求はより厳格なものとなる。

患者の意思表示と「医師の常識」とが相違するとしても，このことから患者
の承諾能力が疑われてはならない。というのも，連邦通常裁判所の指摘するよ
うに，「手術しなければ病気を取り除くことができない場合であったとしても，

---

22) Duttge, a.a.O. (Fn. 6), S. 78 ff.

23) Duttge（拙訳）「医事法における年齢区別の機能」比較法雑誌 46 巻 1 号（2012
年）69 頁以下参照。なお，ドイツでは成年年齢は 18 歳である。

24) BGHSt 12, 379, 382 f. usw. 2012 年に改正された患者の権利法（Patientenrechte-
gesetz）である BGB630 条 e（説明義務）1 項 2 文では，説明の対象として，「措
置の方法，範囲，実施，期待される結果とリスク並びに措置の必要性，緊急性，
適性および結果の展望」が挙げられている。

第 5 章　医療における患者の自律と承諾能力　*117*

生命の危機に瀕した患者のなす，手術を拒否する意思表示には，人道的にも道徳的にも尊重すべき，かつ説得的な根拠があり得る」からである[25]。このように，患者の個人的な価値基準のみが決定的に重要なのであって，関係者において適切であるか否かを判断することは適当ではなく，医師の観点からは「ひどく無分別な」決定がなされたような場合でも，患者の意思決定能力に不足があると結論づけるためには，種々の要因の十分な調査が必要である。このことは「エホバの証人」の輸血拒否に関して周知の通りである[26]。

　このように，臨床実務においては「完全な自律性」は望めないのであり，しかし，そうではあっても，患者の決定が現状の下で「可能な限り自律的に」なされたものであり，弁識・判断・制御能力の「明白な欠缺が一切」認識できないという場合には，それだけで患者の決定は尊重されなければならない[27]。成年の患者にあっては，例えば高齢，薬剤の影響，認知症や抑うつなどの具体的な疑いの要因がなければ，「成年である（＝適格性がある）」とみなしてよいとされている。

　他方，未成年の患者にあっては[28]，個別事例において入念な検査が必要とな

---

25)　BGHSt 11, 111 (114).

26)　Vgl. OLG München MedR 2003, 174 ff. usw. その一方で連邦通常裁判所刑事部は「抜歯事例」においては，この患者の自律性の固有の価値を軽視したとされている。BGH NJW 1978, 1206.

27)　Paeffgen/Zabel も，一般通常人の判断枠組みからの逸脱が，明らかに承諾無能力に起因しているとされない限り，承諾能力がある者による承諾としてよいという。なお，健康被害が深刻で長期にわたるものであればあるほど，拒絶の決定は重要視される（拒否能力），としている。

　　Paeffgen/Zabel, in : Nomoskommentar, Bd. 2, 2017, § 228 StGB Rn. 16 f. さらに，気まぐれな 16 歳の少年がなす，顔面への刺青に対する承諾には違法性阻却の効果を認めてはならないが，腕への小さな刺青に対する承諾には認められるとしている。

28)　わが国における治療中止・医療ネグレクトに関しては，近時法改正等による手当がめざましい。例えば，2012 年にはそれまでの親権喪失宣言に加えて民法等の一部を改正する法律によって親権の停止制度が新設された。その他，宗教的な理由による輸血拒否を含め児童の生命・身体に重大な影響を及ぼす場合の対応に

る。その際に標準となるのはその未成年者の「精神的成熟」の度合い，すなわ
ち「自由答責的な」決定を行うための「知的・感情的基盤」の内実[29]である
が，そうした決定に関しては未成年者の成熟度，精神的発展には段階と幅があ
るために固定的，一般的な年齢基準は一切存在しない。それでも，実務では，
最初の方向付けという意味で，年齢に合わせた段階づけがなされてきた。それ
によれば14歳未満の者は通常，必要な承諾能力が欠けていることになるが[30]，
それに対して満16歳以上であれば，大抵は完全な承諾能力があるとしてよい
とされるのである[31],[32]。一方で，14歳と16歳の年齢の間隙にあっては基準と
なる推測は一切ないので，判断はまず侵襲の複雑さと危険性，そしてその切迫
性に依存している[33]。日常的な治療であれば，また，切迫した生命救助のため
の侵襲であれば，さらに，少年の年齢が成年に近づけば近づくほど，承諾能力
が認められ得る[34]。もっとも，裁判実務ではむしろ承諾能力を認めるにつき制
限的であり，承諾能力は特別な注意を払って確認されなければならないとされ
ている[35]。

　争いがあるのは，承諾能力が認められた未成年患者において，基本法6条2

　　　ついては，児童相談所や家庭裁判所の判断・介入の手続きが整備されつつある。

29)　Paeffgen/Zabel, a.a.O. (Fn. 27), Rn. 19.

30)　もっとも，軽微な侵襲の場合については例外が認められる。しかし9歳につい
　　　ては通常は承諾能力が否定されるとされている。LG Frankenthal MedR (2005,
　　　243, 244 f.).

31)　AG Schlüchtern NJW 1998, 832 f.

32)　この点に関するわが国の事情については，拙稿・前掲（注14）230頁以下参
　　　照。

33)　BayObLG NJW (1999, 372) usw.

34)　BGHZ, 12, 379.

35)　わが国の小児医療の現場では，学齢期以上（6歳以上）の子どもについては口
　　　答でのアセント（本人の了解）を得て，中学生以上の子どもについては文書でア
　　　セントを得る，高校生以上になると親の代諾に代えて本人から文書でコンセント
　　　（承諾）を得る，とされている。小児医療の現場での意思決定の在り方には大き
　　　な変化が見られるという。掛江直子・加部一彦・横野恵「小児医療における意思
　　　決定」『年報医事法学32』（日本評論社，2017年）49頁以下。

項 1 文, 民法 1626 条以下の身上監護権者（通常は両親）の養育権を顧慮した場合の法的効果である。首尾一貫しているのは，自己決定権の行使に必要な権能を与えられている未成年者にのみ決定権を認めるという点であろう。何故ならば，両親の権利は，「子どもが成人に達すれば不要かつ根拠のないものとなるからである」[36)]。しかし，未成年者に判断力を認め，一方で例えば両親に拒否権を与えるというのは，評価の矛盾というべき状況である。さらに，今日でも有力な見解は，養育権とは成年に達して初めて完全に消滅するものなのであり，このことから，未成年者と身上監護権者には重畳的な決定権限が付与されているというものであるが，これでは未成年者の決定は十分に評価されておらず，この見解に従うと，両者の等価値性は形式的なものになってしまうであろう。

　これに対して，未成年者に必要最小限の「精神的成熟」も見られない場合には，監護権者の合意を得なければならない。確証を得るために医師のすべきことは，連邦通常裁判所民事部の展開した「三段階モデル」によれば，行われる干渉・侵襲の重大さと考えられるリスクに左右される[37)]。一般的な「日常事例」（例えば単純な検査や血液検査）では，医師は，特段の事情がない限り，片親の意見が両親の意見であると信用してよい。しかし，少なからぬリスクを伴った重大な方法での侵襲の場合には，医師はその片親に，他の親の権能をも与えられているのかを再度問い合わせなければならない。さらに，「重大で広範な決定と高度のリスクを伴った大手術」を行う場合には，両親の明文の承諾が必要となる。両監護権者の間に決定的な意見の対立がある場合，あるいは緊急を要する適応性が認められるにもかかわらず承諾が拒否された場合（例えば，両親が「エホバの証人」のあることを理由とした生命救助のための輸血を拒否する場合）には，家庭裁判所が子どもの福祉の基準に従って決定を下すことができる[38)]。従来の解釈に従えば，未成年者が承諾無能力者であれば，医師の説明を受けるのは原

---

36)　BVerfGE 59, 360 (387).

37)　BGH NJW 1988, 2946 ff.

38)　§ 1666 BGB, §§ 151 ff.

則的には監護権者に限られるとされていたが、より未成年者本人に寄り添った解釈においては、侵襲の内容等に関する具体的な説明が未成年者の患者の場合にも必要であるとしている[39]。承諾能力が低くてもある程度の基本的理解力がある場合には、「自然的意思」に基づいたいわゆる（承諾能力とは要求される判断力のレベルを異にする）「拒否能力」が認められ得るか否かは、今後の課題である[40]、と Duttge はいうのである。

最後に、高齢者の承諾能力については、ドイツでは、一般に、以下のようにいわれている[41]。すなわち、年齢とともに知識や一定の能力が高まることもあるから、一定の年齢から承諾能力が否定されるというようなことはない。したがって重要なのは高齢者にあっては若者よりも承諾能力を詳細かつ慎重に検討すべきであるという点であるにすぎず、それ以上ではない。また、高齢患者に承諾能力が認められる条件についても、高齢者以外の患者のそれと異なるところがない。もっとも、世話人が選任されている場合には、医師にとっては、患者が承諾無能力・限定的承諾能力である可能性があることのヒントとなるが、しかし、やはり、その可能性があるというに過ぎない。認知症やうつ病といった高齢者に特徴的である精神病があっても、だからといって承諾無能力である

39) Vgl. Rothärmel, Einwilligung, Veto, Mitbestimmung, 2004. ロートエルメル（拙監訳）『承諾、拒否権、共同決定』（中央大学出版部、2014 年）参照。

40) なお、ドイツでは、法律においても、「承諾能力」と「拒否能力」は区別され、例えば、青少年が臓器摘出に承諾できるのは満 16 歳以上であるとされているが、拒否は満 14 歳以上であれば行い得るのである（臓器移植法（TPG）2 条 2 項 3 文）。この点、拒否能力は承諾能力と同じ程度での理解力や判断力を前提としておらず（認知症患者が患者の指示書において生命維持措置を拒否していた場合がそうである。）、民法 1901 条 3 項 1 文によれば、希望として表現された「自然的意思」で足りるとされていることが参照されるべきである。拙稿・前掲（注 14）235 頁以下参照。治療行為についてこれを承諾する場合とこれを拒否する場合に分け、拒否する場合により高い能力を要求することも考えられるが、わが国においても、この点については議論の存するところである。拙稿・前掲（注 14）245 頁以下参照。

41) Kuhlmann, Einwilligung in die Heilbehandlung alter Menschen, in : Handbuchgeriatrie, 2005, S. 1477 ff. 拙稿・前掲（注 14）237 頁以下。

と早急に結論づけてはならない。その病気の進行の度合い，また，判断の対象との関係で限定的に承諾能力が存することもあるからである。

なお，患者に承諾能力があるか否かの判断は，担当医の責務と答責性の領域に属するとされている[42]。担当医は，患者の生活状況に関わる全体事情，とりわけ患者の年齢，その肉体的・精神的状態，薬剤の影響，患者の社会史的（soziobiographische）・文化的特性（教育の程度，予備知識，慣習）等々を自己の判断に取り入れなければならない。不明な点が残るならば，精神科医等の診断による専門知識的な援助が必要となる。当該個人に関する専門的評価（鑑定）を医師の判断をもって置き換えることは許されない[43]。

VI　個別事例

すでに触れているように，承諾能力は医療行為に一律に妥当するものではなく，ドイツにおいても，種々の医療行為・治療行為ごとに，その特殊性に鑑みて，個々に区別して論じられるものである[44]。以上のような承諾能力についての一般的な基準に基づき，個別の事例における承諾能力の状況を見ていこう。Duttge によれば，以下の通りである[45]。

まず，避妊薬の処方は，連邦医師会（BÄK）の 1975 年の指針によれば，16歳未満の少女の場合には不可，16 歳から 18 歳までの少女の場合には両親の承諾がある場合にのみ許されるとされていた[46]。その後 1984 年の改正では，16歳の場合には通例は必要な承諾能力があるとしてよいとされた[47]。2011 年のドイツ産科婦人科学会（DGGG）の立場はさらに前進し，周到な検査を前提に，

---

42)　Duttge, a,a.O. (Fn. 6), S. 86f.

43)　Vgl. Rothärmel, a,a.O. (Fn. 39), S. 155 ff. ロートエルメル・前掲（注 39）211 頁。

44)　わが国の現状については，拙稿・前掲（注 14）230 頁以下参照。

45)　Duttge, a,a.O. (Fn. 6), S. 82 ff.

46)　DÄBl. 1975, A-2521 ff.

47)　DÄBl. 1984, A-3170 ff.

14 歳から 16 歳であっても事情によっては十分に弁識能力があるものとみなし，例外的には 14 歳未満の少女にさえこれを認めてよいとしている[48]。もっとも，場合によっては，親の監視から逃れようとする未成年者を医師をして助けさせることにもなることから，そのような効力の強いホルモン剤の処方を合法と認めることはできないが，（刑）法的リスクは，子どもに対する性的虐待の幇助（§§ 176, 176a, 27 StGB），あるいは未成年者の性行為の援助（§ 180 Abs. 1 StGB.）への非難に鑑みれば，事実上小さいのかもしれないという指摘も存する[49]。しかしながら，避妊薬の投与から生じる（副）作用についての十分な把握が，そして，他の選択肢のプラス面とマイナス面について考量する能力が医師において確認されていない場合には，（刑）法的なリスクは明白である。とはいえ，少女が承諾無能力の場合でも，避妊薬の摂取を拒否することができるし，また，監護権者が摂取を強制することもできない。なぜなら少女は「拒否に関する成年」には十分に達しているからである。

断種は，その侵襲の強烈さと修復不可能性の高い蓋然性を理由に，未成年者の場合には法律で禁止されているが[50]，その一方で美容整形手術に関しては激しい論争がある。多くの者は，法政策として，このような「理性を欠いた流行の愚行」については患者の自律性を法律で制限するか，両親の承諾を条件とすべきであるとする[51]。ただ，憲法的には，このような禁止規定によって，本来承諾能力が認められるべき者の能力が否定されるかもしれないことになる点が問題となる。なお，未成年者の意思に反する美容的侵襲は常に許されない[52]。

---

48) Stellungnahme der DGGG zu Rechtsfragen bei der Behandlung Minderjäriger, Nov. 2011, Ziff. 2. 2.

49) もっとも，Duttge は，その理由を法律的に根拠づけることは難しい。許された危険，医学的適応のある限り，あるいは，幇助の故意がない限り，あるいは正当化する義務衝突のある限りでの「許された危険」で考えるのであろうか，と問題提起をしている。

50) § 1631c BGB.

51) 前掲（注 27）参照。

52) 承諾能力のない子どもに対する，医学的適応のない割礼については，Duttge,

第5章　医療における患者の自律と承諾能力　*123*

　妊娠中絶の実施に関しても——たとえそれが最初の 12 週以内の義務的な助言に従った，または医学的・社会的適応の範囲内である[53]としても——常に監護権者の承諾が要求されるとする見解がある。しかし，近時では，このような制限的な見解は，胎児を臨月まで宿すことに重大な健康上のリスクがある場合にのみ，親の「配慮の留保」が認められるというように相対化されている。しかし，ここでも首尾一貫しているのは，妊婦の承諾能力だけを標準とすることであろう[54]。もっとも，その承諾能力の確認にあっては，胎児の生存権[55]と決定のもたらす重大な効果の相互関係に照らして，最大限の注意と妊婦の高度な人格的「成熟」が必要とされる[56]。妊婦が承諾無能力であるならば，身上監護権者の決定は養育権の濫用の疑いがある場合（すなわち，子どもの福祉への明白な危殆化がある場合）にのみ，家庭裁判所によって修正され得る[57]。こうした事態は，とりわけ，未成年者の「自然の」意思に反して執拗に中絶が求められる事例において想起されるが——それは決して許されないことであるが——，そのほか，医学的適応に重大な問題がない場合にもそうであり，また，妊婦が不確かな運命をたどるとして承諾が拒否される場合も同様である。

　自殺（未遂）の事例については，法倫理的見地からは，そもそも生命とは個人が自由に処分できるものであるか否かについて，見解の相違がある。それを肯定することが自由主義的な社会秩序においてはもはや決して疑われることがなく[58]，それゆえ患者の自己決定権は「死の自己決定」をも含んでいるという

---

　　　a,a.O. (Fn. 6), 83 f. ; Paeffgen/Zabel, a.a.O. (Fn. 27), Rn. 18.

53)　Vgl. § 218a Abs.1 und Abs. 2 StGB. １項では，妊婦の「要求」とあり，２項では，妊婦の「承諾」となっている。

54)　LG München I NJW (1980, 646).

55)　BVerfGE 39, 1 ff. ; 88, 203 ff.

56)　Stellungnahme der DGGG zu Rechtsfragen bei der Behandlung Minderjäriger (Nov. 2011, Ziff. 2.5).

57)　§ 1666 BGB, §§ 151 ff. ; 157 FamFG.

58)　BGHSt 6, 147, 153 は「道徳律」を挙げ，BGHSt 46, 279, 285 は「基本法の価値序列」と述べている。

ことが受け入れられるならば[59]，「自殺の意図は『自由意思』によって支えられていたか，否か」が明らかにされなければならない。この問題については，法は，大まかな否定的要因（少年の未成熟の不存在，明らかな精神病・障害の不存在，または重大な緊急状況の不存在[60]）が認められることでは不十分であるとして，所為遂行の不可逆性に関する十分な「真摯性」の証明を積極的に要求している。

これは，いわゆる刑法上の免責規定（犯罪成立阻却事由）に則る解決（Exkulpationslösung）によるのではなく，承諾理論に則る解決（Einwilligungslösung）によるものである。ある専門的な自殺に関する研究によれば，確かに心理社会的に激しい傷を負った自殺者の割合は高いが[61]，少なくとも事例の5％の範囲内では，病的ではなく「熟慮された」（いわゆる人生の総決算としての）自殺である可能性が，とりわけ「不治の身体的疾患，あらゆる手段の不存在，そして世の中における完全な孤立が重なった場合」には，十分に認められる。しかし，信頼できる詳細な根拠がなければ，「自由答責性」が欠けているという統計的に通常とされる事例が前提とされ，同時に「疑わしきは生命の利益に」（in dubio pro vita）の原則のもとで措置がなされなければならないであろう。

老人の「成年性（＝適格性）」については，老衰，退行性病変，抑うつそして薬剤の影響によって必ずしも自明のものではないとしても，老人の患者は，臨床実務ではそれを否定する事情がない限り，明らかに，また一般的に，承諾能力があるものとして見なされている。このようにして老人の患者は，差別からは規範的に保護されている一方[62]，彼らを道具とするような介入に対してはもはや有効に対抗することができない危険に陥る傾向にある。重要なのは，例え

---

59) Vgl. OLG München NJW（1987, 2940, 2943）．

60) Vgl. §§19, 20, 35 StGB, § 3 JGG.

61) 拙稿「臨死介助・治療中止・自殺幇助と『自己決定』をめぐる近時の理論状況」井田良ほか編『椎橋隆幸先生古稀記念 新時代の刑事法学』（信山社，2016年）167頁参照。

62) 欧州連合基本権憲章21条および25条，基本法1項1号と併せ同3条1項，一般均等待遇法（Allgemeines Gleichstellungsgesetz）1条を参照。

第 5 章　医療における患者の自律と承諾能力　*125*

ば極度の混乱状況において得られた承諾は法的には無効であり，したがってリスクを伴った侵襲は原則的には差し控えられるべきであるとすることによって，承諾能力というカテゴリーには制限的な効果のみならず保護的な効果も同時に存在することになる，ということである。したがって，承諾能力の誠実な検査と，ときにはその不存在の確認は，「配慮の手続」の 1 つなのである。

　以上のような Duttge の見解は，ドイツでの生命倫理学においては，一般的な見解といい得るであろう。

VII　自律と配慮

　自律と配慮は相対するものであろうか。この点についても Duttge の整理は学術的な議論の成果を示している[63]。

　承諾能力のある患者の意思表明のみが「自律的」であると見なされ，承諾能力のある患者に対してのみ尊重要求が働く一方で，「自律的でない」患者に対してはパターナリズム的な姿勢が求められているといわれている。しかし，このような単純化した図式，明確な限界づけの設定の根底には――それが社会の現実には当てはまらないということは措くとしても――二重の誤解がある。それは，「自律に関する誤解」と「パターナリズムに関する誤解」である。誤解に陥らないためには，以下のような正しい認識が必要となる。すなわち，前者については，人間の能力には限界があるので，承諾無能力者のみならずすべての患者に対して配慮が義務づけられており，医師の説明義務はそのこと，すなわち自律性は配慮を必要とするものであることの表現であること，そして，それにもかかわらず患者が医師の説明を受けることなく承諾を独自に行う場合には，患者の尊重要求は大きく損なわれてしまうことを正しく理解すべきである。また，後者については，患者という人間存在に対する，そしてまさに承諾無能力の患者に対する尊重は義務づけられており，患者自身の意思はその「福

---

63)　Duttge, a.a.O. (Fn. 6), S. 86 f.

祉」を目的とした第三者の解釈によって安易に歪められてはならないということを正しく理解すべきである。いわゆる「拒否権」[64]を承認することは，その基礎づけについては議論があるが，明らかに以上の趣旨を示している。

　もっとも，「自律性」と「配慮」は，相互に包含的であり相対して閉ざされているわけではない。この視点は，連邦憲法裁判所の2つの最近の決定によって，確認されている[65]。これらの決定は，措置入院者が弁識無能力であっても，その「自然の意思」に反して行われる強制治療は，その身体の無傷性のみならず，同時に基本法2条2項1文の保護領域（身体に関する自己決定権）をも侵害しているとしているのである。したがって，このような強制治療が正当化され得るのは，弁識無能力の患者に治療の機会を提供する場合でなければならず，その意思表明を無視することが許されるのは，とりわけ「治療を受ける者が対話能力を有している限り，強制治療よりも先に，真摯かつ必要な時間をかけた，許されざる圧迫のない，信頼に基づいた承諾を得ようとする試みが先行し」ている場合であり，それによって侵襲の比例性が保たれていなければならない。いうなれば「強制より先にコミュニケーションを！」ということである。つまり，弁識無能力のため医療措置に関する有効な承諾が一切得られないとしても，患者に治療の「有無」と「程度」について知らせないままにしてはならない。差し迫った緊急性のある場合は別として，原則的には計画された措置を告知することが必要であり，そのためこれに対する法的保護を要請する可能性が患者には残されているのである。

　連邦憲法裁判所の示すこの準則は，直接的には，確かに精神病で入院している者だけに該当する。だが，この準則はその人権的基礎を根拠として，その意味内容に応じて，承諾無能力の未成年の患者に対する医療措置へと転用することができる。なぜなら未成年者も，特別な依存性と易損性という生活状況の中

　64）　Rothärmel, a,a.O. (Fn. 39), 165 ff. ロートエルメル・前掲（注39）225頁以下〔島田美小妃〕。

　65）　BVerfG v. 23.3.2011-2 BvR 882/09 NJW 2011, 2113 ff.；v. 12.10.2011-BvR 633/11 NJW 2011, 3571 ff.

第5章 医療における患者の自律と承諾能力 127

にいるからである。したがって，未成年者の，情報および参加への請求という
ものは注目に値する。未成年者の身上監護権者の承諾は，未成年者の「自然の
意思」に反して行われる強制治療から侵襲という性格を取り除くものではな
い。

　未成年者が，「拒否」の意思をどの程度貫き得るかについては，このような
観点のもとで早急に明確化される必要がある。このような Duttge の見解は先
の Böse の主張に重なるものであり，今日では一般に支持される見方であると
いえよう。

VIII　お わ り に

　以上，本稿では，医療における患者の自律と承諾についてドイツにおける議
論の現状を見てきたが，そこでは，医師と患者との間に存する構造的な非対称
性の確認と，伝統的なヒポクラテスモデルから共同決定モデルへのパラダイム
の転換が見られた。その基礎には，主体としての地位に基づく自己決定権とい
わゆる尊重要求が認められるところ，その実現のためには，患者の自己決定権
を自己実現のための自由の行使として理解し，自律の能力とは区別された――
障害者にあってはなお一層の徹底した――自律の権利や，「病気でいる権利」，
「死ぬ権利」に示される主観的利益・自己の価値基準に基づく決定（拒否権）が
保障されることが重要であるとされている。このような議論内容に加えて，自
律と配慮の関係，未成年者の承諾に関する連邦通常裁判所民事部判決の示した
「三段階モデル」や避妊薬の処方，断種，妊娠中絶，自殺に関する承諾の要件
などは，細部については法制度を異にするもののわが国にとっても有益であろ
うと思われる[66]。

　医療行為の法的規制についても，下位法のみならず，根本の憲法原則にまで
遡って原理・原則が論じられている点に，ドイツにおける議論の在り方の特徴

---

[66]　経口避妊薬の提供やパイプカット施術，あるいは尊厳死との関係で承諾の有効
　　　性を論じる意義は少なくない。

をみることができる。たしかに，その法原則の重要性は理解されるとしても，内容の抽象性が高く，個別の事例の判断や処理のためには指針となり得ないという批判はあろう。とはいえ，事案の解決にあたり，準拠する原理を明らかにしておくことは実務上も法解釈上も望ましいことはいうまでもない。

　以下，わが国の今後の議論にとって裨益するであろういくつかの確認点を，あらためて取り上げておきたい。

　まず，医師には専断的治療行為をする権利は存在せず，医師のあらゆる措置は患者の表明した承諾を前提とするが，それは，どのような医療的措置であれ，患者の身体と精神の統合性への侵襲を意味し，自律性に関わるからである（§§ 630d Abs. 2, 630e Abs. 1 bis 3 BGB）として，「医療行為は自己決定に基づいてなされる」ということが確認されている点である。したがって，患者は治療措置をいつでも拒否することができ，その承諾をいつでも撤回することができる（§ 630d Abs. 3 BGB）[67]とされている。このように，医師は患者の健康のみならず，患者の意思を尊重しなければならないのであって，したがって，インフォームド・コンセントが欠けていれば，例えば，医的侵襲が医療上必要とされ，医学準則（lege artis）に則っていたとしても，原則として治療は違法であり，生じた傷害結果について医師は全責任を負わなければならない。そして，承諾の必要性に対する規範的な根拠を問えば，それは，人間の尊厳・自由ならびに生命および身体の無傷性の権利を尊重し保護を義務づける憲法原則に求められるのである。承諾の必要性にかかる他者との法的な関係は，原則として，力や強制ではなく合意と意思決定の自由の尊重に基づくという考え方の表れであり，この原則は，患者に「病気でいる権利」をも認めるものであり，したがって患者はすべての措置を拒否できるのである[68]。

　これを医師の側からみるならば，説明義務の一番の目的は，患者が有する自己決定権の実現の援助にあるということになる。自己決定は自由の行使の一場面であるとされ，連邦憲法裁判所の判断も，「患者あるいは障害者に対し，自

---

67) Lipp, a.a.O. (Fn. 2), S. 73.

68) Katzenmeier, Ärztliche Aufklärung, in : Patientenautonomie, 2013, S. 92 f.

己決定権について通常人とは異なる基準を与えること，それゆえ診断，予防，緩和，増進，あるいは苦痛の除去を目的とする侵襲には承諾を必要としない，あるいは，完全な承諾を得なくてもよい……とすることは誤りである」，ということを強調している[69]。

　一方で，ドイツにおいても，患者の自律は，強制や欺罔がなければすでに十分に保たれており，したがって，患者は独自に決定できると往々にして誤解されているが（「自律に関する誤解」），現実には，患者は易損性を有し保護的な支援・配慮を必要としており，また，配慮は自律を排除するものではなく，それを支えるものである，と理解されている。また，承諾能力がなければ自律性を欠いており，その結果，他人による配慮の「客体」とならざるを得ないとの誤解も少なくないが（「パターナリズムに関する誤解」），承諾無能力者も彼の人格に対して尊敬と敬意を求めることができ，その結果，承諾無能力状態にある客体に堕するのではなく，その意思の表明は十分に尊重されるべきで，配慮や代諾は，あくまで本人の自己決定を支援するもの，とされているのである[70]。

　このような患者の自律を尊重する基本姿勢は，終末期医療においても同様である。消極的臨死介助は，従来，連邦憲法裁判所も用いてきた「治療中止」ではなく，患者の意思に基づく「治療制限」といい表わされるようになってきている。治療を中止するのではなく，治療目的を変更することにより，延命や生命維持に代わって，痛みを和らげる緩和医療的な措置や水分の補給等のケアが中心としてなされることになる[71]，というのである[72]。これを患者の側から見

---

69)　BVerfG, NJW 1979, 1925 (1931).

70)　同様の主張として，佐藤彰一「『意思決定支援』は可能か」『ケアの法 ケアからの法 法哲学年報 2016』（有斐閣，2017 年）57 頁以下。

71)　緩和医療に関しては，拙稿「積極的安楽死と緩和医療」井田良ほか編『山中敬一先生古稀祝賀論文集 [下巻]』（成文堂，2017 年）39 頁以下参照。

72)　Lipp, a.a.O. (Fn. 2), S. 75 f. そこでは―すでに患者が死の淵にあるときには，医学的適応性がないとして患者の意思にかかわらず治療が制限されるが―医学的適応性がある場合には患者の意思に従い，患者が治療を拒否し，あるいは承諾を撤回した場合には，治療を行うことはできない。これを「死への介助」という。同

るならば，それは自律性の貫徹の要求である。Neumann の適切な表現によれば，「臨死介助の措置を正当化する有力な論拠は，人間の尊厳原則から導かれるところの人の自律的な自己決定原則に由来するものであり，この論拠によって，とりわけ，死を望む者が自らの生命を自らの手で絶つことができないような場合には，他者の助けを借りてこれを実現することに法的な可能性を開くべしとの要求が裏づけられる」[73]のである。

医療行為の領域における，インフォームド・コンセント法理の浸透には目を見張るものがある。この流れを医療の発展をいささかも阻害しない形で進展させ，患者と医師の対話，医療と生命倫理学の対話の充実を一層図るべきである。

旨，Rosenau, a,a.O. (Fn. 8), Duttge も同様の主張を行っている。拙稿・前掲（注61）158 頁以下参照，拙稿「終末期医療における患者の承諾と自律」伊藤壽英編『法化社会におけるグローバル化と理論的実務的対応』（中央大学出版部，2017年）162 頁参照。

73) Neumann, Standards valider Argumentation in der Diskussion zur strafrechtlichen Bewertung von Maßnahmen der "Sterbehilfe", in : Festschrift für Hans-Ullrich Paeffgen, 2015, S. 324 ff. 拙稿・前掲（注 61）156 頁。

第6章
医療行為に関する，とりわけ高齢患者の承諾能力

I　は じ め に[1]

　「承諾（「同意」）」とは，一般的には，刑法上の傷害またはそれ以上の侵害行為にあたる自身の身体に対して向けられた侵襲について，その意味内容を認識・理解し，これを受け入れることをいう。承諾をめぐっては，民法上では，例えば，体外受精，人工授精等の生殖補助医療の契約等の場面において問題となり，一方，刑法においては，承諾をなした者への行為は犯罪を構成しないとの法理に基づく医療行為の正当化の論理に関わって，また，現場での医療事故・医療過誤への対応をめぐって議論が展開されている。すなわち，患者の承諾のない専断的治療は違法であり，傷害罪に該当しうる。しかし，医学上の承諾の意義や要件については，これまで十分に検討されておらず，いかなる医療的措置について，いかなる精神状態にある患者の承諾が，いかなる要件で有効と認められるかについては，不確かなままである。そして，このような状況は，承諾無能力者，とりわけ承諾無能力者としての高齢患者における承諾にも，顕著に現れていると思われるのである。

　本稿は，このような問題意識に立って，わが国の治療行為における承諾能力，承諾の有効性についての一般的な議論状況を概観した上で，とりわけ高齢患者の承諾能力と承諾の有効性[2]，およびそれに関連する事項につき，ドイツ

---

1)　本稿は，2013 年にドイツの Giessen 大学で行った講演 „Einwilligungsfähigkeit und Wirksamkeit der Einwilligung“ の原稿に加筆を行ったものである。

2)　高齢者医療と承諾の問題一般については，寺沢和子「高齢者医療とインフォー

の状況を紹介し[3]，わが国の今後の議論や法制化への資料を提供し，同時に臨床実務の現場への指針の一助となるべき素材を提供しようとするものである。

II　わが国における議論

1．治療行為における承諾能力

治療行為・医療行為とは，手術や投薬など，治療の目的で医学上一般に承認された方法により行われる医療上の措置であり，この治療行為が身体に対する侵襲性をもつため，これが違法性を有しない，すなわち刑法上の傷害罪として処罰されない正当な行為として認められるためには，当該行為が，①医学的適応性，および，②医術的正当性を有し，かつ，一定の条件を満たした，③患者の承諾（インフォームド・コンセント）に基づいて行われること，という3つの要件があげられるのが通常である[4]。

　　ムド・コンセント」甲斐克則編『医事法講座第2巻　インフォームド・コンセントと医事法』（信山社，2011年）217頁以下参照。
　3）　ドイツでは，承諾能力のない者の承諾について，ヘルシンキ宣言27条，1977年の生物医学条約（Biomedizinkonvention des Europarates）の17条2項，EUのGCP指令（GCP-Richtlinie der EU (2001/20/EG) im Jahr 2004）4条，薬事法（AMG）41条2項をめぐって，活発な議論がなされている。なお，承諾無能力者に対する治験・グループ関係的研究については，拙著『刑事法学における現代的課題』（中央大学出版部，2009年）119頁参照。承諾能力のない者への治験については，現在のドイツの法状況には，矛盾が指摘されている。ドイツでは，現時点でも上記生物医学条約を批准していない一方で，上記指針を受けた薬事法では「グループ関係的研究」について，当事者には直接に有用とはならない治験を未成年者に対して許している。これが今日，大きな議論を巻き起こしており，2018年にも，一定の要件のもと，治験の承諾無能力者への拡大が図られようとしている。なお，Rosenau（菅沼真也子訳）「承諾無能力者における説明と承諾」比較法雑誌46巻1号（2012年）333頁，Duttge（冨川雅満訳）「EUの児童医薬品規制」比較法雑誌46巻3号（2012年）392頁，Duttge（拙訳）「医事法における年齢区分の機能」比較法雑誌46巻1号（2012年）69頁参照。承諾無能力者に対する治験一般については，Jansen, Forschung an Einwilligungsunfähigen, 2015.
　4）　治療行為の正当化根拠については，田坂晶「治療行為の正当化における患者の

第6章　医療行為に関する，とりわけ高齢患者の承諾能力　*133*

この3番目の患者の承諾を可能ならしめるものが承諾能力であるが[5]，この能力を明確にした規定は存在せず，その内容がいかなるものかが問題となる。すなわち，実際の医療の現場では，医療行為に随伴する手続たるインフォームド・コンセントの一般化が進むなか，個々のケースにおける患者の年齢，理解・認知・判断能力の程度等に鑑みての承諾能力の存否判定には難しさが存するといわれている。

承諾をめぐって問題となるのは，そもそも承諾をなす本人において承諾を行う能力（承諾（同意）能力）が存し，その承諾自体が有効と認められるものであるかという点についてであり，とりわけ議論となっているのは，治療・投薬等各種医療行為の行われる場面においてである。医療行為にかかる承諾は，一定以上の年齢を目安として，その意味・内容，方法，予後の状況や医療行為に伴って起こりうる危険などについての全体的な認識・理解に基づいた判断によって立つとする見解が一般である。

この承諾能力の有無が問題となる具体的なカテゴリーとしては，未成年者，精神障害を患う者，意識不明状態にある者，そして高齢者などがあげられる。

そこでまず，法律上，能力に制限を課す場合，とりわけ民法上の行為能力との関係が問題となる。これについては，治療行為に対する承諾能力は，行為能力とはかならずしも一致しないと解されている[6]。医的侵襲に対する患者の承

同意」比較法雑誌51巻1号（2017年）97頁以下参照。田坂は，被害者の承諾論と治療行為の正当化論を区別し，後者は，危険の引き受けを中核とした社会的相当行為として違法性が阻却されるとし，その具体的な基準を示している。なお，承諾能力の内容・基準についても同論文参照。

5)　古く RGSt. 25.3758 (378) は，治療行為は傷害罪に該当するところ，これを正当化するものとして，患者の承諾，患者の自律性をあげている。Böse, Zwischen Selbstbestimmung und Fürsorge, 比較法雑誌51巻1号 (2017) 71頁以下，Böse（冨川雅満訳）「自己決定と配慮とのバランス」伊藤壽英編『法化社会におけるグローバル化と理論的実務的対応』（中央大学出版部，2017年）225頁以下。なお，これを明文化したものとしてドイツ民法630条d第1文参照。

6)　田坂・前掲（注4）112頁。この点は，後に示すように，ドイツにおいても同様である。

諾は，個別具体的な事柄に対するものであって，一定の年齢に達しているかいないかという客観的基準とは異なる。また，意思能力，身分行為上の行為能力，不法行為上の責任能力などとも同視できないというのが一般的な理解である。

　ただし，承諾能力が備わっていると認められる一応の基準としては，遺言を有効に行うことができる年齢であるという点から「15歳」，あるいは，「『臓器の移植に関する法律』の運用に関する指針　第1」で示されたものを参考として「15歳」，あるいは，女子の婚姻可能年齢や義務教育の終了年齢等から勘案して「15～16歳以上」，などが一応の目安とされている。そして，治療ごとに，その能力の内容・程度ごとに，承諾能力が決せられるとされている[7]。治療行為における承諾能力の本質的な内容としては，当該治療行為についての情報を理解し，その情報について，比較衡量し，結論を導ける能力といったものになろう[8]。この点は，以下に述べるドイツにおいての理解と同様である。

　なお，この承諾能力について，医学的適応性と医術的正当性が認められる治療行為に対して，これを承諾する場合と，これを拒否する場合とに分けたとき，拒否する場合にはより高い能力が要求されるとも考えられるが，この点については議論の存するところであり，治療の緊急性，患者の意思との相関関係で決せられるであろう。

　わが国の，治療行為における承諾能力に関する理解としては，おおむねこのような理解になろうかと思われるが，かかる承諾能力が欠ける場合が承諾無能力である。すなわち，年齢要件を満たし，通常の理解能力を有するとして承諾が有効と認められる「承諾能力者」に対して，精神障害等や認知症等の脳疾患

---

　7)　後述のように，ドイツにおいても同様の議論があり，注目される。

　8)　いわゆる「機能論的アプローチ」を肯定し，「同意能力の内容としては，①治療行為に関する情報を理解する能力，②こうして得た情報を記憶に留める能力，③情報を駆使して自ら結論を導く能力を要求するべきである。」との見解も提示されている。田坂晶「イギリスにおける治療行為に対する同意能力の意義とその判断基準」同志社法学60巻8号（2009年）417頁。

第 6 章　医療行為に関する，とりわけ高齢患者の承諾能力　*135*

の影響により一定の理解・認知能力に欠ける，もしくは著しく判断能力に衰え
が認められる病者や高齢者，乳幼児，子ども――義務教育の終了年齢等から，
目安として 15 〜 16 歳に満たない者――等において承諾能力に欠けると判断さ
れる場合，これらにあたる者はいわゆる「承諾無能力者」とよばれる。承諾無
能力の患者にあっては，仮に本人の意思の表明として承諾がなされたとして
も，わが国では一般に，その有効性は認められず，したがって医療行為の正当
性は担保されえないこととなる[9]。そこで，この場合，通常，正当化される治
療行為を行うには，他者による承諾が必要となり，ここにあっては，「意思決
定の代行」「代諾」「代行承諾」「他者決定」などの名称の下で論じられている
問題が生じることになる[10]。他方，承諾能力が認められれば，当然に本人の自
己決定が尊重されることになると解されるが，ただし，承諾能力を有する場合
にも，例えば，未成年者の場合に，親が親権者として，その未成年者の治療決
定に関与すること，あるいは，共同して承諾することもありうることまで排除
されないとする余地はあり，さらに，その際，親と子のいずれの決定が優位と
なるかなどにつき議論の存するところである。

2．治療行為における他者による承諾（代諾）

　法律行為である医療契約のほか，（医療契約には含まれていない）法律行為に属
さない手術などの医的侵襲・医療行為についての承諾（医療同意）についても
成年後見人は行いうるのかについては，いまだ定説はない。高齢化社会を迎
え，例えば認知症を患う高齢患者が増加し，それにともないますます医療同意
の必要性が議論されつつあるなか，2016 年に施行された「成年後見制度の利

---

　9)　もっとも，後述のように，ドイツにおいては，承諾無能力者にも可能なかぎり
　　その自律や希望を尊重しようという認識が共有されている。
　10)　医療代諾権については，田山輝明編『成年後見人の医療代諾権と法定代理権』
　　（三省堂，2015 年）参照，神野礼斉「医療行為と家族の同意」広島法科大学院論
　　集 12 号（2016）223 頁以下参照。また，佐藤雄一郎「高齢者の意思能力および
　　行為能力」法律時報 85 巻 7 号（2013）15 頁以下参照。

用の促進に関する法律」は，医的侵襲につき患者本人が承諾を与えることができない場合，後見人の権限を拡張して後見人に承諾権を与えようとするものであり，現在，必要とされる具体的な法整備がなされつつある[11),12)]。

　この点，ドイツでは，医療同意を明文で認める世話制度がある[13)]。すなわち，後述するように，世話人が被世話人の福祉に適するように，そして可能なかぎり本人の希望に添った形で，被世話人の身上監護についても判断するものである。もっとも，一定の重大な危険を伴う治療行為については，世話（後見）裁判所の許可を必要としている[14)]。

　承諾無能力の患者で，その承諾の有効性が首肯されえないという場合であっても，しかし，倫理上，治療等の医療行為が放棄されるべきでないことはいうまでもない。その観点のもと，実際の現場では，本人に代わっての承諾，いわゆる「代諾」を求められるケースも多く——ここでは，本人による承諾があるものとみなしての本人以外における判断（「推諾：推定的承諾」）も含む——，代諾をなす者としては，法定代理人，具体的には，通常，未成年者の場合には親権者，成人の場合には配偶者や近親者等がこれを務める例が多い[15)]。しかし，

---

11)　例えば，病状が悪化した場合には，誰がどのような責任を負うのか。法整備がなされることによって後見人の辞退が多発しないであろうか，などの問題が提起されよう。

12)　この点，ドイツの現行法では，法定代理人である世話人は，財産管理だけではなく，身上監護も可能であるとされている。なお，後述のように，世話制度に付されたとしても，被世話人の行為能力が全面的に否定されるわけではない。また，わが国の成年後見制度および同利用促進法・円滑化法の現状に関しては，新井誠「成年後見制度利用促進法と円滑化法の意義」法律のひろば 70 巻 2 号（2017年）4 頁以下ならびに同書の参考文献を参照。

13)　田坂・前掲（注 4）116 頁参照。

14)　詳細は，富田哲「成年後見と医療同意」名古屋大学法政論集 227 号（2008 年）740 頁参照。

15)　亀井隆太「同意能力がない患者の医療同意—ドイツ法を中心に」千葉大学人文社会科学研究 28 号（2014 年）87 頁，小賀野晶一『民法と成年後見法』（成文堂，2012 年）153 頁，寺沢知子「未成年者への医療行為と承諾—『代諾』構成の再検討—」民商法雑誌 106 巻 5 号（1992 年）656 頁以下。

第6章　医療行為に関する，とりわけ高齢患者の承諾能力　*137*

法的議論においては，未成年の場合も成人の場合も，誰が本人に代わって承諾を与えるのかという人的範囲の問題，その際の根拠はいかなるものかという問題につき，なお見解の一致をみない状況にあり[16]，また，現状では，上述のように，例えば成年後見人たる者には医療行為に関する承諾権が認められていない等，その法的な地位については対応が分かれているのが実情で，現在，法制化に向けた議論が行われていることも，すでに紹介したとおりである。医学や医療技術が日々進歩しているなか，尊厳死，安楽死など生命倫理に深く関わる問題が日常的に問われることの多い現代において，正しく患者の承諾を得ること，また，その有効性についての判断はますます難しさを増しており，その意味からも，承諾の問題に占める代諾や推定的承諾の問題の比重は今後ますます大きくなっていくことが予想されるところである。

　こうした議論の難しさの背景には，患者本人の主観的利益，または，本人の自己決定権に力点を置いて説明することが適切であるのか，あるいは，本人の主観意思とは必ずしも一致しない客観的利益，または，患者の最善の利益に力点を置いて説明することが適切であるのか，といった医療行為の根本に関わる考え方の相違も影響を及ぼしているように思われる[17]。この点でも，ドイツ

---

16)　判例についても，例えば，10歳の子どもに対する手術による死亡事故が問題となった，いわゆる「開頭手術事件判決」において，最高裁は，「…右手術の内容及びこれに伴う危険性を患者又はその法定代理人に対して説明する義務がある」（最判昭56・6・19判例タイムズ447号78頁）としているが，これについても，「未成年者に対する医療行為に関する説明を受け承諾するのが法定代理人だとして，それは未成年者の代理人としての権限（代理ないし代諾権）なのか，法定代理人の地位にある者の固有の権限（親権者または後見人の身上監護権）なのか，代諾権者の権限に限界はないのか，その権限には治療を拒否する権利も含まれるのか，未成年者本人の意思との関係はどのようなものなのかといった点については未決のままである。」としており，さらには，「同判決のいう『法定代理人』とはたんに患者側の代表者といった程度の意味と取れなくもない」といった指摘もなされるところであり（家永登「医療と子どもの自己決定─医事法制の枠組との関連で─」法律時報75巻9号（2003年）37頁），判例によっても，なお，明確にはなっていないようである。

の議論は参照に値しよう。

　また，この他者による承諾における，より具体的な問題としては，例えば，親が承諾を与える場合，両親ともにの承諾を要するのか，意見が分かれた場合にはどうするのか，利益相反関係がある場合はどうなのか，さらには，一般に医的侵襲への承諾権がないとされる成年後見人等を医療への承諾においていかに活用していくのか，ドイツにおける世話法 Betreuungsrecht・世話裁判所 Betreuungsgericht のような法制度がわが国にも必要ではないか，また，さらには，承諾能力の有無と代諾の要否を択一的に捉えることが妥当であるのか，承諾能力は一応認められるが，それが低減している限定的承諾能力ともいうべき状態の場合はどのように対処すべきか，など様々な問題が提示されており，解釈論，立法論ともに議論が展開されているという状況にある[18]。このように法的議論においてはいまだ多くの点で見解の一致がみられないまま，患者の承諾に関わる対応が，日々の医療現場での判断に大幅に委ねられているということになろう。

---

17)　藤井可「患者の利益と無益性」シリーズ生命倫理学編集委員会編『シリーズ生命倫理学 13　臨床倫理』（丸善出版，2012年）121 頁以下参照。なお，同書では，治療に関する意思決定能力の中核的評価対象となる要素を，① 選択表明，② 理解，③ 認識，④ 論理的思考という 4 つの能力を挙げているグリッソの研究（グリッソ・アッペルボーム（北村總子・北村俊則共訳）『治療に同意する能力を測定する』（2000 年）208 頁以下）が紹介されており，これを基礎に患者の意思決定能力を論じる論稿（西田晃一「患者の意思決定能力」同書 100 頁以下）もあわせて掲載されている。

18)　また，ドイツにおいて，承諾無能力者に対する強制治療が問題となる場面では，医師による医的侵襲につき世話人の代諾があるとしても，被世話人の意思に反する場合の正当化の要件も議論されている。Böse・前掲（注 5）82 頁以下，Böse（冨川訳）・前掲（注 5）232 頁以下。なお，ドイツの世話法に関しては，新井誠「ドイツ世話法と『能力』概念—ティアーの学説史研究に依拠しつつ」法学新報 122 巻 1 = 2 号（2015 年）63 頁以下参照。

3．承諾能力と拒否能力

　上述のように，わが国では，治療を承諾するときよりも拒否する場合により
高い能力が要求されるとも考えられるとされているが，そうすると，一方では
患者の承諾能力がないことを認め，医的侵襲に関する判断能力を否定しなが
ら，他方で，拒否権という形で判断権限を肯定することは矛盾であるようにも
思われよう。しかし，正当化を必要とするのは，承諾による医的侵襲の開始が
問題となる場合であって，拒否による医的侵襲の不開始が問題となる場合では
ないとする理解もある。後者においては，正当化の必要性は相対的に高くはな
く，その能力は限定的なもので足りる，とするのである。ドイツにおいては，
法律においても承諾能力と拒否能力は区別され，例えば，青少年が臓器摘出に
承諾できるのは満 16 歳以上であるとされているが，拒否は満 14 歳以上であれ
ば行いうるのである（ドイツ臓器移植法 2 条 2 項 3 文）。

　この点，後述のように，ドイツでは，拒否能力は，承諾能力と同じ程度での
理解力や判断力を前提としておらず[19]，ドイツ民法 1901 条 3 項 1 文によれば，
希望として表現された「自然的意思」で足りるとされていることが参照される
べきである。

III　ドイツにおける議論

　以上のようなわが国の現状を踏まえて，ドイツにおいて高齢患者に対する治
療を論じた基本的な文献とされる Handbuchgeriatrie と Praxishandbuch
Altersmedizin の，承諾に関する部分を紹介しつつ，高齢者における患者の承
諾の問題を考えてみたい[20]。

---

19)　認知症患者が患者の指示書において生命維持措置を拒否していた場合がそうで
　　ある。
20)　青木仁美「ドイツにおける成年者保護と健康関連事務の（法定）代理」田山輝
　　明編『成年後見人の医療代理権と法定代理権』（三省堂，2015 年）54 頁以下参

1．承諾無能力とその相対性

承諾能力のない患者に自己決定権はいかに認められるのか。

これに関して Böse は，以下のようにいう[21]。患者には自己決定権が認められることから，患者に対してその意思に反した治療を行うことはできない。患者は，承諾に際して，医療的介入から生ずる利益と介入を受けない場合の不利益を衡量し，この衡量に基づいて承諾するか否かを決定する[22]。したがって，承諾能力は，第1に認識的要素を必要とする。すなわち，患者は，承諾の対象となる客体と利益がどのような価値を有しているのか，その判断に際して何が問題となっているのか，どのようなリスクと結果が存在するのか，当該侵襲以外にどのような選択肢があるのかを理解することが可能でなければならない。第2に，患者の承諾能力には意思的要素，すなわち，侵襲の内容を理解し，それに基づいて決定するという能力も含まれる。そして，承諾能力は，具体的かつ個々の侵襲に関連して求められるので，侵襲の内容と患者の理解力に応じて，相対化するのである（「承諾の相対性」）[23]，と。

照。患者の自律性と承諾について，刑法的観点から検討したものとして，Magnus, Patientenautonomie im Strafrecht（2015）.

21) Böse・前掲（注5）74頁，Böse（冨川訳）・前掲（注5）227頁。Vgl. Böse, Zur Rechtfertigung von Zwangsbehandlungen einwilligungsunfähiger Erwachsener, in : Festschrift für Claus Roxin zum 80. Geburtstag, 2011, S. 523 (524 ff.).

22) Vgl. Amelung, Über die Einwilligungsfähigkeit, ZStW 104, 1992, S. 525, S. 544 ff.

23) Amelung, a.a.O. (Fn.22), S. 557 ; Paeffgen, in : Nomos Kommentar zum StGB, 4. Aufl., 2013, §228 Rn. 14. 2013 年に行った Göttingen 大学でのインタビューでは，個人的な意見としてではあるが，避妊用ピルについては 14 歳（場合によっては，14 歳未満であっても可能。しかし，それ以下の年齢であれば，性的濫用罪の幇助が問題となるという），堕胎については 15 歳〜 18 歳程度，性転換はそれよりも以降の年齢ではないかということであった。なお，承諾無能力につき，医師からは 14 歳程度，法律家からは 16 歳とする回答があった。Rosenau（菅沼真也子訳）・前掲（注3）336頁参照。Duttge, Patioentenautonomie und Recht, in : Patientenautonomie, 2013, S. 79ff, S. 82.

2．承諾能力についての基準

　医師は患者の承諾があることの認識をもって措置をしなければならない。この認識は，ドイツにおいて，医的侵襲についての主観的正当化要素である，とされている[24]。

　Kuhlmann は，述べている。承諾能力が欠けている場合，患者の健康の保持がその自己決定権に優先する。このことから，承諾能力は行為能力[25]とは定義を異にする。すなわち，承諾能力とは，行為能力や年齢区分とは無関係に，「自然的な」弁識能力・判断能力として定義される，当該侵襲の本質・意義・射程を理解し判断することができる能力である[26]。高齢者にも，一定の状況に基づいた根拠のある疑念が存在しないかぎり，承諾能力は推定される。

　承諾能力の存否を判断する基準については，学説・判例上議論があるが，基本的に重要なのは，自らの利益を認識できることである。もっとも，自らの利益とはここではきわめて個人的なものであり，健康や身体の不可侵性についても個人によってその重要さはまちまちである。このことは，とくに，その来歴や人生の経験を色濃く反映した個人的な見方や価値観をもちうる高齢者にとってはとりわけ当てはまる。一般的には理性的な見方であっても，これを高齢患者に無理強いすることはできず，高齢患者が客観的には非理性的な措置を希望

---

24)　Kuhlmann, Einwilligung in die Heilbehandlung alter Menschen, in : Handbuchgeriatrie, 2005, S. 1477f., S. 1482.

25)　日本と異なり，ドイツでは 18 歳以上の者に認められている。

26)　Klie, Rechtliche Aspekte, in : Praxishandbuch Altersmedizin, 2014, S. 751ff. は，治療目的，目的達成の蓋然性，考えられる併発病，相互作用，さらには治療を行わない場合の予測と，他の選択肢を選んだ場合の予測をあげている。承諾能力の判断基準については，Duttge, a.a.O. (Fn. 23), S. 7ff., Magnus, a.a.O. (Fn. 20), S. 159ff. 患者の承諾能力についてのドイツの状況については，石田瞳「患者の同意能力」千葉大人文社会学研究 30 号（2015 年）105 頁以下，承諾無能力を欠く患者の医療同意についてのわが国の状況を整理するものとして，同「同意能力を欠く患者の医療同意」千葉大人文科学研究 29 号（2014 年）91 頁以下，ドイツの状況を整理するものとして，亀井・前掲（注 15）86 頁以下参照。

142

したからといって，その者の承諾能力を疑ってはならない。

インフォームド・コンセントの前提として，高齢患者には正常な意識と知的能力が必要である。耳が不自由など，その手段が十分でなければ，他人の助力を得ることになるが，この場合には間接的な知識の獲得であるので，情報提供者である医師との話し合いによって確かな知識の確保をはからなければならない。知識のほかに措置の意味を知ることも必要であり，事後の因果の流れを予想する能力も必要である。そのなかには，自身の身体や健康への作用といった直接的なものと，職業上の影響や幸福感など，自身の生（せい）に関わる事柄への間接的な作用も含まれる。さらに，患者は，利益・不利益を認識し，価値的な決定ができなければならない。これは，複数の選択肢を比較することのできる，利益・不利益を認識する能力である，と[27]。

患者が自ら決定できるか否かの区別については，決定する対象たるファクターの理解の困難性および比較の困難性に依存する。一方では，措置をとらなかった場合に危惧される病気の状況であり，他方では，選ばれた措置の複雑性，複合性，副作用，範囲である。患者の精神状態など，個々の状況に応じて，患者は部分的な承諾能力を有しうるといえる，とKuhlmannはしている。

3．高齢患者の承諾能力

では，高齢患者にあっての承諾能力についてはどうか[28]。

Kuhlmannによると，これについては，一定の年齢から承諾能力が否定されるというようなことはない。年齢とともに知識や一定の能力が高まることもあるからである。したがって重要なのは高齢者にあっては若者よりも承諾能力を詳細かつ慎重に検討すべきであるというにすぎず，それ以上ではない[29]。

---

27)　これらの説明は，先に示したBöseのいう認識的要素と意思的要素の区別にほぼ対応すると思われる。

28)　Kuhlmann, a.a.O. (Fn. 24), S. 1479.

29)　なお，当然ながら，検査に際しては，時間的圧迫や慣れない環境などの阻害要因を可能なかぎり取り去るべきである。

第 6 章 医療行為に関する，とりわけ高齢患者の承諾能力　*143*

　高齢患者に承諾能力が認められる条件についても，高齢者以外の患者のそれと異なるところがない。もっともその検査には，簡単な補助的基準がある。世話人が選任されている場合には，医師にとっては，患者が承諾無能力・限定的承諾能力である可能性があることのヒントとなる。しかし，世話人が選任されているからといって，かならずしもその患者が承諾無能力であるわけではない。その補助的基準として，医師は以下のことを自問することが望まれる。すなわち，患者の当該精神状態においてと考えたときに，医師は，彼の被世話人となって彼に自らを委ね，彼を自身のために決定する世話人として選任することができるか，ということである。代理人（世話人）は患者と同様の考慮ができなければならず，他人の代理人（世話人）としての職責を果たせない者は，自らの関心事において責任のある決定もできないからである[30]。

　認知症やうつ病といった高齢者に特徴的である精神病が承諾能力に影響を与え，これを否定することもあるが，だからといってその病気があれば承諾無能力となると早急に結論づけてはならない。その病気の進行の度合い，また，判断の対象との関係で限定的に承諾能力が存することもある（上記「承諾の相対性」）のである。また，高齢者の治療は長期間に及ぶことがあるが，承諾は「1個の治療」に含まれるすべての個々の措置に及んでいることが必要である（「措置の単一性ごとの承諾」）[31]。向精神薬の投与にあっての服用量の変更などの場合がそうである，と Kuhlmann はいうのである。

4．高齢患者に対する医師の説明義務

では，このような高齢患者に対して，説明はいかになされるべきか[32]。

---

30)　この基準は，シンボリックな指針としては理解できるが，あまりにも過大な要求であり，その点で，かならずしも妥当なものではないであろうという見方もある。

31)　Kuhlmann. a.a.O. (Fn.24), S. 1477.

32)　Kuhlmann, a.a.O. (Fn.24), S. 1480. 医療上の説明についての詳細は，Katzenmeier, Ärztliche Aufklärung, in : Patientenautonomie, 2013, S. 91ff.

Kuhlmann はいう。高齢患者への説明にあって考慮されるべきは，回復力が衰えていることから生じる手術の危険性は，若者よりも高いということである。また，説明に際しては，素人でも分かるような説明が求められ，同時に，高齢患者が利益とリスクを考えて決定することが可能となるような十分な時間を与えることが必要であり，措置を始める直前の説明は許されない。患者とのコミュニケーションは重要であり，そのため，説明は，患者が落ち着くことができる環境，雰囲気のなかでなされるべきである。当該措置に伴うリスクも効果も診断結果も伝えるべきであるが，それによって患者に耐えがたいダメージを与えるおそれがある場合には，医師は伝達を断念することもできる，と[33]。

なお，高齢患者への医療措置にあって，説明のプロセスは患者の承諾能力を明らかにすることにも役立つこともある。患者の反応を見て，患者が予想される侵襲の意味と程度を，どの程度理解しているかを確認することができるからである。

必要な説明がなかったり不十分であった場合，もし，具体的な説明があれば患者は措置を拒否したであろうことがわかれば，身体傷害を理由とする可罰性や損害賠償責任の問題が生じることになる，と Kuhlmann は指摘している。

他方，Klie は，高齢患者に対する説明の困難さを指摘している[34]。というのも，インフォームド・コンセントの前提として，患者には，治療目的，目的達成の蓋然性，起こりうる合併症，措置をしない場合，他の選択肢を選択した場合などについて，十分に説明しなければならないところ，高齢患者には，通常，複数の病気に罹患していることが認められ，複数の慢性病間には相互作用があり，種々の病気に用いられる薬の作用，当初意図していなかった，あるいは望まなかった作用の発生というものが認められるなか，これらを，病気の予測の問題と同様に考慮したうえで，患者に説明がなされなければならないから

---

33) ただ，そうすると承諾のない治療となるといううらみがあることから，治療を行うには，その緊急性と治療によって保護される利益の重大さが求められるであろう。

34) Klie, a.a.O. (Fn. 26), S. 753f.

である。「高齢者医療は対話医療である」ことから，可能な措置と治療目的について医師が説明し，患者が理解する関係になくてはならないのである。

　脆弱で，ときには器質的に制約されている高齢患者には，その決定能力を支えるために，信頼できる援助者が必要である。ドイツも批准する障害者権利条約（Un-Behindertenrechtskonvention）21条は[35]，障害者（である患者）が何らかの点で情報を正しく理解していなければ，あるいは，言葉によって適切に表現ができないときには，一般に承諾能力がある者と同様に扱ってはならないとしている。同条約も世話法も，医師から説明を受け承諾する際には，法的支援を受けることができるとしている。スイスやオーストリアと異なり，ドイツでは親族には法律上の代理権はないので，例えば認知症である高齢患者には，決定に際して，対応する任意代理人ないし民法1896条の法定代理人（世話人）が必要とされている，と Klie はしている。

5．推定的承諾

　患者の明示の承諾が得られない場合には，推定的承諾の法理が問題となる。Kuhlmann は，推定的承諾は慣習法による措置を行うための正当化事由である，という[36]。患者の承諾が，患者の意識がないなど，何らかの理由で時宜を得て獲得することができない場合にこの法理は用いられる。承諾能力がない場合をのぞき，法定代理人による代理ではなく，推定的承諾の法理が働く。承諾能力がない場合であっても，法定代理人が不在であれば，同様である。

　ところで，Kolb によれば，インフォームド・コンセントという医師と患者の医療に関わる決定プロセスには，倫理的には，パターナリズムと自律という2種類の価値が競合する[37]。前者には，あらゆる権能や責任を医師に委ねる強

35）　https://www.behindertenrechtskonvention.info/ 青木・前掲（注20）55頁参照。

36）　Kuhlmann, a.a.O. (Fn.24), S. 1481.

37）　Kolb, Die Sondenernährung älterer Patienten mit fotgeschrittener Demenz - Rechtliche und ethiesche Aspekte, in : Handbuchgeriatrie, 2005, S. 1468f.

いパターナリズム（いわゆるヒポクラテスモデル）[38]と患者側の事情を考慮する弱いパターナリズムがあり，自律原則にも，カント的な義務的倫理的な理解からロック的な個人主義的理解まで存する。いずれにしても，医師は中立的な情報伝達者であるべきで，一定の措置に賛成ないし反対する意思決定は患者が自律的にこれを行うべきである[39]。そして，承諾のための推定的意思は，パターナリズムと自己決定のパラドックスなジンテーゼであり[40]，ここにおいては医師はすべてをなしうるが，しかし，当然ながら責任を負わねばならない。医師は，患者の決定を確認するため，あらゆる可能性を考慮すべきである。それには同様の事例についての患者のこれまでの態度，主張などが参照されよう。患者の意思の表明が，より近い時期の，より具体的な，より確実なものであれば，その推定的意思を推し量ることにより資する一方で，医的行為を行う，あるいはこれを行わないことの帰結がより深刻であると想定されるようであれば，一層詳細な調査と記録化が求められる，と Kolb はいうのである[41]。

6．推定的意思の確認

　Kuhlmann は，推定的承諾を確認するに際しては，治療的措置を行った場合の利益と損失との客観的な衡量ではなく，患者が本来有したであろう意思を客観的に，注意深く忖度せねばならない[42]，とする。不合理な意思も軽率な考え

---

38) Duttge, a.a.O. (Fn. 23), S. 77f. Duttge は，今日の自由主義的社会における医事法・生命倫理にあっては，ヒポクラテスモデルから自己支配モデルへの転換がみられるとする。

39) Klie, a.a.O. (Fn. 26), S. 752ff. も，高齢患者は決定能力を欠いていても法的主体なのであり，自ら決定すべきなのであるとしている。その根拠として，承諾のない医療は傷害罪に当たるとした BGH Urteil vom 5. Juli 2007, Az. 4 StR 549/06 や，患者のカルテの閲覧権を認めた BVerfG NJW 1999 S. 1777 を紹介している。そして高齢患者には，必要とあれば，任意代理人（任意後見人）が世話人として付されなければならないとしている。

40) Kolb, a.a.O. (Fn. 37), S. 1468.

41) ここでは，パターナリズムと自己決定権に加えて，生命という法益の重大性が判断要素に加わっているのである。

第 6 章　医療行為に関する，とりわけ高齢患者の承諾能力　*147*

方も尊重されねばならい。患者の意思が見い出しえない場合にはじめて，客観的な利益が引き合いに出されるべきである。例えば，高齢ではあるもののこれまで承諾能力のあった者が転倒して大腿骨骨折で病院に搬送され一時的な混乱状況に陥った場合などである。緊急の場合には，措置を行う客観的利益が大きいほど，そして，患者の反対意思を推定させるものがないかぎり，措置を行うことが許される。

　親族の意見は，それが法定代理人でないかぎり，患者の意思に代えることはできないが，基本的に患者の意思の重要な根拠となりうる。親族がいなければ，法定代理人（世話人），家庭医，あるいは他のかかりつけの医師への照会も患者の蓋然的な意思を明らかにする上で資料となる。さらに，患者の意思表示は，患者の遺書においてはとくにそうであるが，当事者の現在の推定的意思を確認するために用いられるべきである。

　具体的な例をあげれば，例えば，人工的な水分・栄養補給は望まないなどの，特定の措置についての患者の明確な主張は重要である[43]。一方，人工的な補給をするかしないかの決定に患者の家族を関わらせ大きな負担をかけることは，経験に照らし，得策ではない。とりわけ夫婦の一方や子どもは，ほとんど常に，患者の意思に反しても，補給を望むからである。このようなときには，裁判所の助けを借りて，他の近親者に加わってもらうことが有益である。

　継続的な認知症患者が水分・栄養補給を拒む場合，これが尊重すべき患者の意思の表明といえるか否かについては争いがある。経験的には，将来再び受け入れることもありうるので，補給措置をすることが推奨される。患者が強く補給を拒むならば，その推定的承諾の調査が必要で，その際，場合によっては言語手段を用いない意思の表明も重要となるであろう。

　Kuhlmann は，連邦医師会の現在の見解によれば，ゾンデ栄養は例外的措置であり[44]，承諾能力のない患者に対して行う際は，格別に，推定的承諾の調査

---

42)　Kuhlmann, a.a.O. (Fn.24), S. 1481.

43)　Kolb, a.a.O. (Fn.37), S. 1468. また，家族ほか，介護をしている人の意見も，推定的意思を明らかにすることに有益となるという。

とカルテにおける記録が必要となり，医師は責任を負うことになる，という。

7．代諾と承諾無能力者の自律[45]

承諾能力がないと判断されると，代諾[46]を行う者が必要となる。

しかし，Böse は，その場合でも，承諾無能力者の自律は尊重されなければ
ならない，という[47]。というのも，承諾能力は存否だけではなく，「承諾の相
対性」に応じて，程度も問題となるからであり，侵襲の内容に応じて，承諾無
能力とされた患者もまた，侵襲への許諾の判断に共働しうるのであり[48]，患者
の意思は，たとえその判断能力が限定的であっても，尊重されなければならな
いからである。患者の能力は——それが限定的なものであるにせよ——，医師
による治療への承諾を問題とする際に，考慮されるべきである[49]。

Böse は，承諾無能力の患者の自己決定権を法的に軽視することは，承諾無
能力者の支援を謳っている前述の障害者権利条約 12 条に違反する，という[50]。
ここにいう支援とは，当該患者に対してパターナリスティックに介入すること
ではなく，その者の自己決定をできるかぎり後押しすることである。したがっ
て，承諾無能力の患者も，行われる侵襲についてインフォームド・コンセント

44）ゾンデ栄養は，そもそもはおもに未熟児等に対して行われていたのに対して，
今日では，介助を要する認知症の高齢者に対してなされるようになったが，この
ような措置によって患者が本当に利益を得ているのかをめぐり，その法的・倫理
的側面の検討に十分に取り組むことが必要であるとされている。Kolb, a.a.O.
(Fn. 37), S. 1467f. なお，ゾンデ栄養の補給中止と消極的臨死介助についての紹
介として，松宮孝明「ハインツ・シュッヒ・延命措置の限界に関する未解決の諸
問題」立命館法学 277 号（2001 年）965 頁参照。

45）Böse・前掲（注 5）75 頁，Böse（冨川訳）・前掲（注 5）227 頁。

46）Roxin, Strafrecht Allgemeiner Teil Bd. I, 4. Aufl. 2006, § 13 Rn. 92 ff.

47）Vgl. BVerfG FamRZ 2016, 1738 (1742).

48）Vgl. Rehbock, Ethik in der Medizin, 2002, 131, 136, 138.

49）Amelung, Vetorechte beschränkt Einwilligungsfähriger in Grenzbereichen
medizinischer Intervention, 2007, S. 24f.

50）青木・前掲（注 20）55 頁参照。

第 6 章 医療行為に関する，とりわけ高齢患者の承諾能力 149

を受ける権利（ドイツ民法 630 条 e 第 5 項）を有している[51]。それゆえに，患者の自律は基本的には，その者の自己決定の可能性には関わりなく認められるのであり，ただ，処分権の範囲がその能力に依存するにすぎない。患者が承諾能力を有さない場合でも，その者の能力に応じて，侵襲に関して自己の意思を実現させる権利はあるのである，としている。

8．世話人による承諾[52]

　患者に承諾能力がない場合には，推定的承諾のほか，世話人による承諾が問題となる。Fenger は[53]，世話法にいう世話は，知的（psychischen）障害や身体的，精神的（geistigen）あるいは心的（seelischen）な障害が存在し，自らに関する事柄をすべて，あるいは一部を行うことができず，代理人等によってもなされえない場合に必要となるが，障害等の程度については世話法に規定されていないとしている。

　医師による患者の健康状態の検査，治療行為・医的侵襲については，患者本人の承諾があってのみ行うことができる。患者本人に自然的な判断能力があれば，当該具体的になされる措置との関係では，世話人の承諾はなくてもそれで十分である。判断能力が欠けている場合，世話人には，もしそれが義務の範囲内であれば，承諾を表明する義務を負う。

　重大な結果を伴う危険がある措置については，特別な規定がある[54]。すなわち，そのような健康状態の検査，治療，あるいは医師の侵襲への承諾は，以下の場合には，ドイツ民法 1904 条にしたがい，世話裁判所の許可を要する[55]。す

---

51)　BVerfGE 128, 282（310）; Deutsch/Spickhoff, Medizinrecht, 7. Aufl. 2014, Rn. 497.

52)　青木・前掲（注 20）58 頁以下参照。

53)　Fenger, Das Betreuungsrecht, in : Handbuchgeriatrie, 2005, S. 1471ff. Vgl. Kuhlmann, a.a.O. (Fn.24), S. 1478.

54)　Fenger, a.a.O. (Fn.53), S. 1472.

55)　神野・前掲（注 10）234 頁以下参照。Klie, a.a.O. (Fn.26), S. 754ff. なお，田坂・前掲（注 4 ）118 頁，青木・前掲（注 20）61 頁参照。

なわち，被世話人がその措置によって死亡する危険，あるいは重大かつ長期に
わたる健康被害を被る危険があり，そして，措置を延期しても危険がない場合
である。例えば，重要な身体部分の切断，視覚・聴覚・言語能力あるいは生殖
能力を喪失するような事例においてである。危険な検査，気管支鏡での気管支
直視検査，バイパス手術，臓器移植，脳や脊髄への神経外科的侵襲，化学治療
薬や広範囲な放射線治療が用いられる場合も同様である。さらに，臨死介助の
事例で，医師が必要とみなしたにもかかわらず，世話人が医療行為の中止（消
極的臨死介助）につき承諾しない場合にも，同様である[56]。

　担当医は，世話人の承諾で十分であるのか，あるいは，世話裁判所の許可が
必要なのかを判断しなければならない。念のためにと許可申請を行うことが今
後ますます増加するであろう。

　臓器提供については，世話人の承諾は無効である。というのも，それは被世
話人の健康に資するものではないからである。もっともそれが臓器提供によっ
て被世話人の子どもの生命が助かるような場合には，事情を異にしよう。

9．拒否権としての承諾無能力者の希望[57]

　Böse は，承諾無能力者の自律性を尊重すべきことは，被世話人である患者
の自律性を可能なかぎり広く認めている[58]世話法の枠組みをも規定している，
という。世話人は，必要な範囲でのみその任にあたり（民法 1896 条 2 項 1 文），

---

56)　拙稿「臨死介助・治療中止・自殺幇助と『自己決定』をめぐる近時の理論状
　　況」井田良ほか編『椎橋隆幸先生古稀記念 新時代の刑事法学』（信山社，2016
　　年）162 頁（注 34）参照。ドイツでは，第 3 次世話法改正（成年後見制度の改
　　正）により民法の規定によって治療行為の中止につき法的な解決を図った。担
　　当医と世話人との意見で，患者の指示書に表明された意思に基づいてその治療を
　　中止することにつき，世話裁判所の許可が必要であり，また，患者の意思につい
　　て意見の一致をみないときは，同裁判所は，必要な治療の断念あるいは中断につ
　　いて決定することになる。Klie, a.a.O. (Fn. 26), S. 755.

57)　Böse・前掲（注 5）77 頁，Böse（冨川訳）・前掲（注 5）229 頁。

58)　Vgl. Lipp, Freiheit und Fürsorge : Der Mensch als Rechtsperson, 2000. S. 17.

その配慮の範囲は個別に決定されるのである。これは，承諾能力の有無の検討が個別的であることと同様である。しかも，世話人が被世話人の健康問題に関して選任されている場合でも，被世話人の希望を尊重しなければならない（「自然的意思の基本的優先」）。

もっとも，被世話人の希望を尊重する義務であっても，その希望が被世話人の福祉（Wohl）に反しないかぎりという留保がある（民法1901条3項1文）。しかし，被世話人の福祉は，生命や健康といった客観的な基準によってのみ決定されうるものではない。民法1901条2項2文によれば，被世話人が自らの能力の範囲内で，その生活を自己の希望やイメージに応じて形作ることも，被世話人の福祉に含まれるとしている。すなわち，その者の人格の発展についての主観的利益も尊重されるのである。世話とは平等権を実現するためのものであるから[59]，被世話人には，通常人に認められると同じ自由も認められるべきである。

このことが意味しているのは，承諾能力者と同様に，被世話人である承諾無能力者においても，治療を拒否する自由が，承諾能力が欠けるというそれだけの理由で否定されるものではないということである[60]。連邦憲法裁判所（BVerfG）は，「病気でいる権利」を承諾無能力者にも明示的に認めている[61]。自分が病気であるとの認識が欠けているとしても，身体的な病気に罹患している者と同様の扱いが求められるのである[62]。被世話人の希望が基準となるという点では，推定的承諾と類似している[63]。そこでは，当該決定が客観的には「理性的」であるとされても，それが法益主体の意思に反する場合には，正当化されないのである[64]。被世話人が，治療を望まないとの真摯な意思を表示する，あるいは

---

59) Lipp, a.a.O. (Fn.58), S. 154 f.

60) Lipp, a.a.O. (Fn.58), S. 156.

61) BVerfGE 58, 208 (226)；128, 282 (304).

62) Marschner, Psychische Krankheit und Freiheitsentziehung, 1985, S. 130 f.

63) Vgl. Lipp, a.a.O. (Fn.58), S. 49.

64) Roxin, a.a.O. (Fn. 46), § 18 Rn. 5. なお，ドイツの拒否権については，青木・前掲（注20）57頁参照。

治療に抵抗する場合には，この治療行為は，いかに客観的には患者のためになるものであっても，承諾無能力者の福祉を論拠としては正当化されないのである。そのかぎりで，その者には拒否権が認められるのである[65]。もっとも，推定的承諾にあってとは異なり，承諾無能力の患者の意思には，承諾能力を有する者の意思と同程度の拘束力があるわけではない[66]。したがって，被世話人の意思は，医師の治療が必要なほど患者の生命・身体にとって危険のある状態である場合には，その重要性は減じられなければならないのである[67]（ドイツ民法1906条3項参照），と Böse は指摘している。

Ⅳ　おわりに

ドイツでは，高齢患者の治療への承諾の問題は常に中心的には法的問題であり，実務ではしばしば軽視されている，といわれている[68]。

Kuhlmann はいう。承諾がないと，過失のあるいは故意の身体傷害としてドイツ刑法223条，230条で処罰され，あるいはドイツ民法823条によって損害賠償や慰謝料の問題も生じうる。善意であっても，あるいは，治療により患者

---

65)　Golbs, Das Vetorecht eines einwilligungsunfähigen Patienten, 2006, S. 194.

66)　医療分野における承諾無能力者の拒否権を扱うものとして，Amelung, a.a.O. (Fn.22), S. 5ff. なお，上述のごとく，拒否と承諾のいずれがより高い意思能力を必要とするかについては議論があるところ，治療の拒絶には治療を承諾するにおいてよりも高い意思能力を要すると考えられるとの見地から，町野は，精神障害者において拒絶の意思が表明されたとしても，そして，当該本人に意思能力が肯定しうるとしても，なお，その表明された拒絶の意思が無効とされるべき場合があるのであり―その医療保護入院に関する法的責任を問われることを避けるためにも―他者決定に従った医療を行う権利を医療側に認めるべきであろうとする（町野朔「自己決定と他者決定」『年報医事法学 15』（日本評論社，1999 年）49頁）。この点，日本とドイツにおける自己決定についての考え方の「温度差」といったものをうかがい知ることができるかも知れない。

67)　BVerfG FamRZ 2016, 1738 (1742).

68)　Kuhlmann, a.a.O. (Fn.24), S. 1477.

第6章 医療行為に関する，とりわけ高齢患者の承諾能力　*153*

に良好な結果が生じても同様である。にもかかわらず，侵襲の要件としての承諾，承諾能力の基準は，医療実務においてはしばしば，ときには意識的に見過ごされている。医療実務の場や病院では，高齢患者が単にそこにいることで，必要とされるすべての措置への承諾があると解釈されていることも希ではない。さらに，高齢患者に対する措置が本人の意思を確認せず，近親者や付添人，それどころか時には単に医師と看護人との間の話し合いだけで決定されることもある。必要な法定代理人（世話人）の選任は，しばしば怠惰から，時間がないことから，あるいは仮定された推定承諾があるからという理由で，なされないままである。医師が法的責任を免れようとするならば，承諾の必要性とその要件を軽視してはならない，と。

　Kuhlmann が指摘する状況および提案する基本原則は，わが国にもそのまま妥当するものと思われる[69]。

　この点で，ドイツでの議論は，承諾無能力者としての高齢患者の承諾の有効性について，なお抽象的ながら，わが国のこの問題に関する議論に，興味深い示唆を与えるものと思われる[70]。とりわけ以下の点は重要である。① 承諾能力には，認識的要素と意思的要素が必要とされ，また，「承諾の相対性」が前提とされていること。② 承諾能力とは「自然的な」判断能力であって，行為能

---

69)　寺沢・前掲（注2）219頁参照。

70)　なお，2013年に行った Göttingen 大学での医師へのインタビューでは，医師の医学上の知識の多くが統計的な文献のデータと個人的な経験との間の緊張領域にあることから，合理的な説明を求める要請は充足不可能であるとするペシミスティックな意見も回答中に存した。このような見解の根拠の1つは，医師の説明は「暫定的」なもの，一定の蓋然性をもったものであって，一義的なものではないことにあり，また，多くの患者の知的な能力，言語能力に照らすと，両者のコミュニケーションによる意思の疎通にも限界があるとし，患者は，その病気のメカニズムを学問的には理解しえず，かりに，医師の治療の表象とその可能な帰結（危険）を説明すべきであるとすると，診療時間のフレームを壊すことになるというのである。真摯かつ率直な意見であり，傾聴に値するが，それであればこそ，本文で確認された承諾無能力者の患者をも法的主体とする施策が求められているといえよう。

力とは区別されるものであるとされていること。ここから，行為能力が欠けていても，承諾能力は肯定され，治療行為等につき患者の希望が尊重されるべきことになる。③ 患者の承諾能力の試金石は，承諾にあたって，自らの利益を認識できることであるが，この利益は極めて個人的・主観的であり，とりわけ，独自の価値観が発達しがちな高齢者にあっては，たとえ一般に理性的とされる考え方であっても，これを患者に期待し，それが不可能であるからといって，承諾無能力者として扱ってはならないこと。④ 承諾能力の存否の判断は，決定の対象となる事項の理解と比較の困難さに依存するということ。⑤ 高齢患者にあっては，それ以外の患者と比較して，より慎重に承諾能力の存否を精査すべきであるということ。⑥ 承諾は，個々の措置に及んでいなければならないとする「措置の単一性ごとの承諾」の原則が確認されるべきこと。⑦ 高齢患者への説明は一般に困難であり，できるだけ理解できるような環境作りに心がけなければならないということ。これは「高齢者医療は対話医療である」との標語で表されているが，不十分な説明がなされた後，具体的な説明がなされたならば承諾しなかったであろう場合には，刑事的・民事的な制裁が課せられることになる。⑧ 高齢患者の理解を助け，支援する手段を講じることを障害者権利条約は求めており，世話法はその具体的な策を定めていること。⑨ 推定的承諾は，パターナリズムと自己決定のパラドックスなジンテーゼであるところ，推定的承諾を肯定する判断には法益の重要性・緊急性という要素も関連していること。⑩ 推定的承諾を確認するには，治療的措置を行った場合の利益と不利益との客観的比較ではなく，たとえそれが不合理と思われるようなものであっても，あくまで行為者の主観を基礎とすべきであること。なお，具体的な例として，人工的な水分・栄養補給についての判断には家族を参加させることには慎重であるべきであり，継続的な認知症患者が水分・栄養補給を拒むような場合でも，いったんは補給を行うことが推奨されるということ（なお，前述の通り，他方，連邦医師会は，承諾無能力の患者に対するゾンデ栄養は推定的承諾が必要であるとしている）。⑪ 代諾による場合でも，可能なかぎり本人の自律性を判断に関与させるべきとの見解が有力であり，たとえ承諾無力者で

第6章　医療行為に関する，とりわけ高齢患者の承諾能力　*155*

あっても，その自己決定権を軽視することは，障害者権利条約に反するのであり，責任無能力者への支援を行うに当たっては，パターナリスティックな介入ではなく，その自己決定を支えるような形でなされるべきであること。⑫世話人が選任されていても，被世話人に自然的な判断能力があれば，その希望を尊重すべきであること（「自然的意思の基本的尊重」）。⑬生命に危険のある重大な侵襲がなされる場合には，世話人の判断のみならず，世話裁判所の許可を得るべきこと。ただし，被世話人の臓器提供は，その子どもへの提供の場合などをのぞき，許されないとするのが有力である。⑭ドイツでは，「病気でいる権利」が憲法裁判所の判例を含めて，広く確認されていることから，承諾無能力者である被世話人も承諾能力者と同様に，それがいかに非理性的であっても，治療を拒否する自由を承諾無能力者であるという理由から否定されることはないとされていること，などである。

　このような指摘のいくつかはわが国でもすでに共有されているが，ドイツの議論において底辺を一貫して流れているのは，決定能力を欠く高齢患者も法的主体であるとする，個人の自律・自己決定権の尊重であって，「生命倫理の分野における緩やかな西洋化」の潮流のなか，これらの原理は，今後のわが国の解釈論・立法論，そして，臨床の現場における指針として重要であると思われる。そして，医療同意を行う後見人や世話裁判所のような制度の検討も必須の課題であることはいうまでもない。

第7章
未成年者の承諾

I　はじめに

"Volenti non fit injuria"，すなわち「承諾（同意）をする者には不法はなし得ない」との格言のとおり，承諾があれば，治療行為などの（医的）侵襲にあって，その違法性は阻却される。インフォームド・コンセントの内容として承諾の重要性はいうを待たない。とはいえ，例えば，刑法で責任能力があるとされる14歳の少年のなす医療同意は有効なのか。14歳の女子のなす堕胎についての承諾は有効なのか。避妊薬の処方，性転換手術，断種，去勢にあってはどうか。未成年者の承諾は違法性を阻却し得るとしたとき，しかし，個々の事案においてはその承諾能力が否定された場合には，それらの行為の違法性は阻却されないことになり，薬剤師の調剤・調薬，医師の医的侵襲行為あるいは両親の医療行為への承諾行為は違法となり得るのである。

この問題に取り組んだ代表的な研究の1つにRothärmelの「Einwilligung, Veto, Mitbestimmung」[1]がある。この著作の構想，すなわち，子どもと親との

---

1)　Rothärmel, Einwilligung, Veto, Mitbestimmung, 2004. 本書については，ロートエルメル（拙監訳）『承諾，拒否権，共同決定』（中央大学出版部，2014年）がある。なお，アメリカにおける議論を紹介し，親権との関係を基礎にしつつも同様の分析を加えるものとして，永水裕子「未成年者の治療決定権と親の権利との関係」桃山法学15号（2010年）153頁参照。また，スイスの状況につき，Tag（秋山紘範訳）「判断能力に欠ける者に配慮した医事法におけるインフォームド・コンセント」比較法雑誌46巻3号（2012年）380頁以下，ドイツの状況につき，鈴木博人「契約年齢・親子関係年齢」比較法研究78号（2016年）157頁以下，後藤

「共同決定」という構想には，その理論の実践という点でなお課題が存すると思われるが，医療行為における承諾能力の定義，要件，有効性の基準に関する本書の現状分析や提示された今後の課題については参照されるべき点が多く，この研究は生命倫理や医事法の分野での研究における重要な文献として位置づけられ，昨今の種々の論文等で引用されているところである。

　本書の問題意識は，未成年の患者の諸権利を論じる際，その承諾能力についてインフォームド・コンセントのモデルをそのまま適用することには限界があるという点に向けられており，人格権の視点から未成年者の承諾論を問い直そうとするものである。すなわち，承諾能力が存在することを前提とするインフォームド・コンセントのモデルで考えた場合には，承諾能力がないとされた未成年者にあっては，成人と同じように身体の統合性（完全性）や人格が危険にさらされるのにもかかわらず，人格権の尊重のために一般に承認されている権利，例えば，説明を要求する権利が保護されていないことになり，例えば，強制治療や強制収容の場合であっても，成人と同様の権利は保障されないことになる，というのである。筆者は，このような事態は，児童の権利に関する条約（日本では 1994 年に批准し効力が生じている）の趣旨に反するのではないかとする。というのも，同条約では，子どもの生存，発達，保護等の権利だけではなく，子どもの自己決定権やその他の自由権についても取り上げられており，具体的には，親の権力から保護され，権利行使を実現する前提としての情報提供の保障などが謳われているからである，としている。

　現在，ドイツでも，医療行為における承諾能力についての法的定義はほとんどなく，成人に関するかぎりでは判例の蓄積によって一定の指針がみられるとしても，しかし未成年者については同様に語ることはできない。たしかに，未

　　有里「臓器移植医療における子どもの自己決定権と親」関西大学大学院法学ジャーナル 93 号（2017 年）123 頁以下，Rosenau（管沼真也子訳）「承諾無能力者に対する説明と承諾」比較法雑誌 46 巻 1 号（2012 年）333 頁以下，Duttge（拙訳）「医事法における年齢区分の機能」比較法雑誌 46 巻 1 号（2012 年）69 頁以下参照。

成年者の場合には親の承諾・代諾という制度も存するのであるが[2]，現実には当時者である未成年者本人の意思は考慮されず，「親の自由裁量」で決定されているというのが実情である，といわれている。

医療行為における未成年者の承諾の問題を考えるにあたり，Rothärmel は，人格権の内容を確認し，その上で医療と法の場面における成人の諸権利を確認し，それとの比較において未成年者の諸権利を検討し，未成年者の承諾にかかる権利の保障が成人に比して不十分であることを指摘している。本稿は，Rothärmel の研究をもとに，未成年者の承諾にかかる問題点を紹介し，この問題についてのわが国の議論の参考に供しようとするものである。

II　医療行為における患者の権利

まず，医療行為の領域での患者の権利について確認しておきたい。医的侵襲について，ドイツの判例では，自己決定権・自律（＝人格的自律権）との関係で次のような判断が示されている[3]。すなわち，BVerfG によれば，「（基本法2条2項1文（身体の統合性）は，人の身体の無傷性を，個々の具体的な健康状態や病状についてのみ保護しているのではない。基本法は，人の身体的・精神的統合性の領域で，まずもって自由の保護を保障している。患者または身体障害者であっても，その身体的・精神的統合性に対する完全な自己決定権を有している」とされている。また，BGH も，「ある者がなす，その思慮分別に従って，再び健康になるためにどのような条件のもとで自身の身体の無傷性を犠牲にす

---

2)　ドイツでは，未成年者に対する医的侵襲の許容性に関しては，原則的に，親の自由な裁量で決定される。裁判所による統制が行われるのは，治療が自由の剥奪を伴っている場合（民法典1631条のb），あるいは，親の監護権の濫用（民法典1666条）が問題となる場合だけであるとされている。

3)　詳細は，拙稿「医療における患者の自律と承諾能力」伊東研祐ほか編『市民的自由のための市民的熟議と刑事法─増田豊先生古稀祝賀論文集』（勁草書房，2018年）57頁，同「医療行為に関する，とりわけ高齢患者の承諾能力」高橋則夫ほか編『刑事法学の未来─長井圓先生古稀記念』（信山社，2017年）229頁以下参照。

160

べきであるかという問いに関して，何人も審判者を僭称してはならない。この指針は医師をも拘束する。たしかに，病人を可能な限り治療するのは医師の重要な権利であり本質的な義務であるが，この医師の権利と義務は，……（患者の）自己の身体に対する自由な自己決定権という制約から免れることはない」としている[4]。ここでは，医療行為における患者の自己決定は憲法的保障の対象であることが確認されているのである。

III　未成年の患者の権利と人間の尊厳および人格権

患者の権利，特に未成年の患者の権利を論じるに際しては，その権利が何を根拠に基礎づけられるかが重要となる。

Rothärmel は，未成年の患者の権利の基礎を人格権から説き起こす[5]。すなわち，基本法 2 条 1 項（人格権）は，BGHZ が民法典の解釈において形成してきたように，「一般的人格権」を保護している[6]。多数説によれば，一般的人格権は，「人格の自由の核心領域」[7]などといい表わされており，人間の尊厳の尊重と保護を受ける権利と密接に関連している。また，BVerfGE 9,89 は，裁判所の審問に対する請求権に関して，人間の尊厳の保障の表現として次のようにいう。すなわち，「人格の尊厳」の求めるところによれば，「……その者の権利が国の機関の都合で容易に自由処分されないこと，すなわち，個人は，裁判所の

---

4)　BGHSt, 11, 111ff.

5)　Rothärmel, a.a.O. (Fn.1), S. 22ff. ロートエルメル・前掲（注 1 ）10 頁以下〔髙橋直哉〕。

6)　BVerfGE 7, 198；34, 269；52, 131；BGHZ13, 334；24, 72；26, 349；27, 284. 参照。同項は，包括的な規定で受け皿的機能を有するとされている。Dreier, in：H. Dreier (Hrsg.), Grundgesetz. Kommentar, 2. Aufl., Bd. I, 2004, Art. 2 I Rdn. 30 参照。わが国で人格権の侵害が認められたものとして，エホバの証人輸血拒否事件（最（三小）判平成 12・2・29 民集 54 巻 2 号 582 頁）がある。

7)　Benda, in：Benda/Maihofer/Vogel (Hrsg.), Handbuch des Verfassungsrechts, 2. Aufl., 1994, §6, Rdn. 12.

第 7 章　未成年者の承諾　*161*

決定の単なる客体にすぎないのではなく，自己の権利に影響を及ぼす決定がなされる前に，手続とその結果に影響を与えることができるようにするために発言する機会が認められるべきである」のであると。BGH NJW 1961,1397 も，「精神において道徳的な存在である人間は，自由と自己意識をもって自己決定をし，外界に作用を及ぼすことができる，というところに人格の尊厳は存在す」る，としている。

　そして，争いはあるが，古典的な人権の図式である「付与理論」によれば，尊厳（あるいは人格の地位）は，個々人に生まれながらにして備わっている特質であるとされている。すなわち，基本法 1 条 1 項（人間の尊厳）ならびに 2 条 1 項（人格権）によるその保護は，各人の個人的な精神的特性などを考慮することなく，万人に認められるべきものである。それゆえ，このように人間に生来的に備わっている潜在的な能力，つまりは人間のもつ理性を志向することによって，精神病者や，自由な道徳的決定をする能力を完全にはもっていない衝動的行為者（Triebtä tern）のような，まさしく特に保護を必要とする人々にも，基本法 1 条の保護を無制限に与えることが可能となる。だからこそ，新生児や幼児も人格主体として理解することができるのである[8]。BVerfG は，子どもの福祉の概念について，つとに，子どもも，「基本法 1 条 1 項および 2 条 1 項の意味における，固有の人間の尊厳と，自己の人格の自由な発展に対する固有の権利をもっている」と述べている[9]。例えば，交際相手の決定，信書の秘密，自室（子ども部屋）の不可侵，学校，職業および氏名の選択といったことに関して，子どもが自己の人格の尊重を要求する権利をどの程度まで有するのかという点が問題となり得るが，それは，BVerfGE 47, 46 の見解によれば，「少年が，……親の教育の単なる客体にすぎないのではなく，基本法 1 条 1 項と併せて 2 条 1 項によって保護される固有の人格が，はじめから存在し，それが徐々に発展していくゆえにである」とされている。

　このような Rothärmel の紹介にあるように，ドイツにおいては，子どもに

---

8)　Benda, a.a.O. (Fn.7), § 6, Rdn. 9.

9)　BVerfGE 24, 119, 144.

162

も人間の尊厳，固有の人格権，人格の自由が基本法によって保護されており，このように子どもも人格の主体として理解される根拠が理論上確認されているのである。

Ⅳ　成人の諸権利

わが国でも，治療行為は傷害罪の構成要件に該当し，患者の承諾のない治療行為，すなわち専断的治療行為はその違法性を阻却しないとするのが通説的な理解である[10]。そしてこの考え方は，遡れば，ドイツの判例で示された「傷害法理」に起源を求めることができる。この法理は，インフォームド・コンセントを考えるにあたって重要であると Rothärmel は指摘する[11]。

1．「傷害法理」の誕生

Rothärmel によれば，治療行為が傷害罪に該当するとはじめて判示した 1894年の RGSt 25,375（脚切断事件判決）には重要な意義がある。自然治療の信奉者であった父親が法定代理人として拒否していたにもかかわらず，7歳の女児の生命を救うためにその脚の切断を行った医師が，当時のライヒ刑法 223条の傷害罪で起訴されたという事案につき，RG は，患者の自己決定権は法的に保護されなければならないとして，当時の学説の支配的見解に反して，承諾のない医的侵襲はたとえ医学準則（lege artis）に則っていたとしても，また，結果的にその侵襲が成功したとしても，その治療的侵襲は傷害の構成要件に該当するとした。ここに「傷害法理」が誕生し[12]，患者の承諾がなければ傷害罪の成立

---

10)　詳細は，天田悠『治療行為と刑法』（成文堂，2018 年）17 頁以下参照。

11)　Rothärmel, a.a.O. (Fn.1), S 31ff. ロートエルメル・前掲（注1）23 頁以下〔原口伸夫〕。

12)　なお，本件で被告人は無罪とされている。Katzenmeier, in : Laufs/Katzenmeier/Lipp (Hrsg.), Arztrecht, 7. Aufl., 2015, S. 175ff. S. 108. 傷害法理においては，医師の治療の意思も重要ではないとされている。

が肯定されるとする原理が確立する。以降，治療の開始，その範囲および継続
について決定する唯一の権限が患者に与えられることになり，医学的見地から
有益であることよりも，患者の自己決定権が優先され，「意思こそが最高の法
(Voluntas aegroti suprema lex)」[13]とする原則が，刑法および民法に定着すること
になったのである。

1957 年の BGHSt 11,111（筋腫事件判決），および，翌 1958 年の BGHZ 29,46
（「第 2 次電気ショック事件判決）は，憲法上保護される患者の自己決定権を援用
して，この傷害法理を承認した。その後，患者の自己決定権を実現するために
最も重要な請求権として，裁判所は，医師に説明を求める患者の権利という考
え方を展開させた。この請求権からインフォームド・コンセント法理が導かれ
たということができる。

また，患者の意思の優位の原則から，RGSt 25,375 では「不合理な」決定を
する権利が承認されていたが，これについて筋腫事件判決では，不合理であっ
てもこれを決定する患者の権利が基本法 2 条 2 項 1 文により憲法上保障されて
いるとされ，憲法上の保障として同原則が確認された。ここに至って，患者
は，治療の依頼についてはいつでも撤回することができ，また，医師や治療法
についても選択することができることが，他方で，承諾能力のある患者や法定
代理人が拒否した場合，治療する医師の権限は失効する[14]ことが基礎づけら
れたのである。

2．患者の自己決定権と人格権

その後，傷害法理は憲法裁判所によっても確認されることになる[15]。BVerfG

---

13)　傷害法理は，処罰の間隙を埋めるものであるとされている。というのも，専断
　　的治療行為についての構成要件は存在しなかったことから，説明義務違反は―
　　240 条（強要）や 239 条（自由の剥奪）を別にすると―明文での処罰対象となっ
　　ていないからであるといわれている。

14)　RGSt 25, 375-381f.

15)　Rothärmel, a.a.O. (Fn.1) , S 31ff. ロートエルメル・前掲（注 1）25 頁以下〔原
　　口伸夫〕。

は，BGHによってなされた下位法（einfaches Recht）の解釈による法創造は，患者の基本権に照らして許容できるとしてこれを是認した。すなわち，BVerfGE 52,131 は，医師と患者との間の，患者の基本権の第三者効力に関して，BGHの認めた傷害法理と同様に「患者の自己決定権」についても，基本法2条2項1文に根拠をもつものとみなしたのである。また，自らの肉体的・精神的（leiblich-seelisch）な統合性についての決定は，「人間の人格のすぐれて個人的な領域」，つまり，人間のプライベートな領域に属することから，基本法1条1項による人間の尊厳の保障と併せて2条1項による一般的な人格権の中心領域に位置することにもなる，としている。

ところで，かかる患者の自己決定権は，つねにその人格権の保護にも寄与するが，しかし，患者の一般的な人格権は，その保護範囲という点で，自己決定権よりも広範囲に及ぶものと理解されなければならない。患者は—例えば，治療法の選択とは異なって——身体の統合性についての処分に直接関わらないような諸権利を有している。それらの権利は，基本法2条2項2文（人身の自由）の保護範囲に含まれるのではなく，むしろ一般的な人格権（基本法1条1項と併せて2条1項）に直接にその根拠を有する。例えば，患者のカルテの閲覧請求権や医師の守秘義務がこれである。承諾能力のない患者の権利に関しては，まさにこれらの諸権利に特別な意味が認められる。このような理由から，自己決定権と（それをも含むより広い概念である）人格権とを概念上区別することはそれぞれの保護の目的にかなっているように思われるのである。

3．インフォームド・コンセントにおける医療者の説明の範囲

ところで，インフォームド・コンセントにおいては，医療者によってなされる説明の対象の範囲，そして，説明義務違反が存すると認められる場合にはそれを証明するための因果関係の存在が問題となる[16]。前者については，一般には，患者が自己決定を行うために重要になり得るであろうようなすべての情報

---

16) Rothärmel, a.a.O. (Fn.1), S. 39ff. ロートエルメル・前掲（注1）36頁〔原口伸夫〕。

が説明の対象となる。BGH は——学説から批判を受けながらも——「その生き方にとって深刻な意味を持ち得るようなリスク」については，0.1％または0.2％の確率でしか実現しないとしても，その説明義務を認めるに至っている[17]。また，手術に際して輸血が必要になった場合のエイズウイルス（HIV）感染の有無については，（具体的に認定されてはいないが一部でいわれているところによると）700万分の1の確率で合併症を発症する可能性が存するにすぎないことがいわれているのであるにもかかわらず説明義務を認めている[18]。「そのリスクが実現したならば個人の生き方に重大な負担をかけるような場合には，医師は，治療の特殊な——きわめて稀であるとしても——リスクについて説明しなければならない」と判例は適切に述べている[19]。それによれば，医師は，極めて稀であり，かつ，侵襲に伴って生じることが考えられるものの類型的でないリスクを除いてほかは説明の義務を有することになる。

後者，すなわち，説明義務違反を証明するための仮定的因果性については，困難な問題が存する。というのも，刑法における判断の確実さに対する要求は原則としてかなり高度で，判例によれば，「確実性と境を接する蓋然性」という定式が唱えられているからである[20]。そして，患者が，決められたとおりの包括的な説明を受けたとしても治療に承諾していたであろうといえるか否かの仮定的判断について，BGH NStZ 1996,34 は，「決断するのに内心において『真剣に葛藤』したかどうか」という基準を用いている[21),22]。

---

17)　BGH NJW 1979, 1933 ; OLG Stuttgart VersR 1987, 515.

18)　BGH NJW 1992, 743.

19)　BGH NJW 1996, 776 ; BGH NJW 1990, 1528 ; OLG Stuttgart, VersR 1987, 515.

20)　RGSt 61, 202, 206 ; BGHSt 10, 208. もちろん，そこで問題となるのは，自然科学の意味での確実さではなく，裁判官の自由な心証に基づく，裁判官の個人的な確信である，とされている。

21)　判例に対する賛否は分かれているようである。なお Ulsenheimer, Arztstrafrecht, Rdn. 461ff. は，説明されるべきであった危険が実現しておらず，結果が医師の説明義務の保護領域に属さない場合には規範の保護領域にないとし，また，患者は当該説明が行われていたとしても当該措置を拒まなかったであろう場合（仮定的承諾）には因果関係がないとし，医師の責任を否定する。

このように Rothärmel の関心は,「傷害法理」が自己決定権から導かれ, そこから医師に説明を求める権利が, さらにその権利がインフォームド・コンセント法理に結実した過程を示すことにある。そこでは, 医師に対する説明請求権, 必要な情報へのアクセス権が患者の権利として発展し, BGH と BVerfG によって憲法上の権利として認められたことが確認されている。また, その憲法的権利の根拠については,（特に未成年の）患者の権利を広く保護するために, 自己決定権ではなく, より広範囲な保護を可能とする人格権に求められている。

V　未成年の患者と承諾
——とりわけ刑法的問題について——

治療行為における被害者の承諾の法的性質については, 周知のように, わが国でもドイツでも刑法学説上争いがある。承諾の本質は, 違法性を阻却する法益放棄ないし保護放棄にあるとする学説があり, また, 他方では, 少数説ながら, 承諾は構成要件的不法を阻却するとする説もある[23]。

---

22)　同様に, BGH JR 1996, 69, 79（「サージボーン判決」）は, 医師が当該医薬品がドイツで承認されていないことを患者に告げていなかったという事案で, その事実を知っていたとすれば, 患者は上記のような葛藤をもったであろうとして医師を有罪とした。もっとも, この判例については, 無罪推定を根拠とする批判が少なくない。

23)　Vgl. Roxin, AT, 4. Aufl., 2006, § 13, 4 m. w. N., Gropp, Strafrecht, AT, 4. Aufl,. 2015, § 5, Rdn. 71ff. これらは多数説のいう合意（Einverständnis）と承諾との差異を放棄しようと試みる。この点に関する近時の文献として, Magnus, Patientenautonomie im Strafrecht, 2015, T2D1-7, S. 154f. 島田美小妃「治療行為の不可罰性の根拠について」法学新報 117 巻 9 ＝ 10 号（2011 年）313 頁以下, 天田・前掲（注 10）7 頁以下, 75 頁以下, 157 頁以下, 217 頁以下, およびそこで紹介されている文献参照。

1．未成年の患者の承諾能力の重要性

Rothärmel によれば，いずれにしても，承諾の（合意についても）有効性の要件としては，患者に行為能力ではなく承諾能力が存在していることが必要であり，また，刑法では，承諾は法律行為ではないことにつき意見の一致がみられ，民法における支配的見解もこれに従っている[24]，という。

また，治療行為として医的侵襲が許容されるための要件は，一方では，治療行為は契約締結を前提としていることから，患者に行為能力が存することであり，他方では，治療行為は承諾を必要とすることから，患者に承諾能力が存することであり，したがって，未成年の患者に対する治療行為には親の意思表示と患者本人の承諾とが重畳して存在しなければならない。親が，医学的適応性があるにもかかわらず，「治療を受けたい」という承諾能力のある未成年の患者の希望に反して医療契約の締結を拒むならば，当該患者は家庭裁判所に訴えることができ，反対に，「治療を受けたくない」という承諾能力を有する未成年の患者の治療拒否は，これを拒絶することは許されない。医師による，医学的適応性が認められるもとでの医的侵襲を受けようとする未成年者にとっては，結局，その承諾能力の存否が治療を受けるために決定的に重要な鍵（ゲートキーパー）となるのである[25]。

2．治療行為を行わない場合の可罰性

未成年の患者に対しても，十分な説明なく治療的侵襲を行う者は，ドイツ刑法 223 条の傷害罪を理由として罰せられる。もっとも，当該医師が権限のない

---

24)　Rothärmel, a.a.O., (Fn.1), S, 55ff. ロートエルメル・前掲（注 1 ）61 頁以下〔村木保久〕。

25)　ドイツ民法 1666 条の，家裁による，子の福祉の危殆化回避措置（多くは，児童虐待の事案。子の健康に重大かつ切迫した危険がある場合には，裁判所の判断は不要）。医師が保障人として，承諾に関する裁判所の決定が下されるように働きかけない場合には，医師は不作為による過失致死ないし過失傷害を理由として罰せられ得るとされている。拙稿・前掲（注 3 ）『増田古稀』63 頁以下。

者から承諾を得たという理由で当該承諾が無効となる場合，医師は故意責任を阻却する許容構成要件の錯誤を援用することができる。それゆえ，Ulsenheimer は，未成年の患者には承諾能力が備わっているということを信頼している医師が実務上可罰的となる危険は極端に低いことを強調しており[26]，実際のところ，これまで傷害罪にあたるとして有罪とされた事例はない。

実務上，より重大な意義を有するのは，治療行為を行わない場合である。そこでは，ドイツ刑法323条 c に基づく不作為の救助を理由とする，あるいは同法223条，13条に基づく不作為による傷害を理由とする，さらには同法211条，212条，13条に基づく不作為による謀殺・故殺を理由とする，医師および親の処罰の可能性が生じることになる。親がその配慮権（Sorgerecht）を濫用し，故意に未成年の患者である子の健康を害した場合には，また，医師が後見裁判所による承諾の代替を求めない場合には，それぞれ可罰性が問題となる[27]。

Rothärmel の説明にあるように——この点ではわが国と同じく——承諾は法律行為ではなく，承諾能力は行為能力とは区別される。また，ドイツでは，治療行為には，親と子の両方の承諾が必要とされ，承諾能力があれば，いかなる場合でも未成年の患者である子の決定は尊重されることになることから，承諾能力は極めて重要であって，また，承諾のない治療行為や治療を行わないことは，刑法上も種々の刑罰法規によって処罰されることになる。

ところで，ドイツでは，承諾能力，あるいは自己決定能力がなくても，自己決定権や自律自体が否定されるものではないということが強調されている。すなわち，患者において承諾能力がないと判断され，代諾がなされる場合でも，Lipp によれば，当該患者は，その限りで自己決定する能力が欠けているが，しかし自己決定権が欠けているわけではないからである[28]。また，Böse によれ

---

26) Ulsenheimer, in : Rechtliche Problem in Gynäklogie und Geburtshilfe, 1990, S. 60 ff., Unlsenheimer, a.a.O. (Fn.21), Rdn. 479.

27) Vgl. RGSt 25, 375 ff.

28) Lipp/ Brauer, Patientenvertreter und Patientenvorsorge, In : Patioentenautonomie,

ば[29]，承諾能力は存否だけではなくその程度も問題となるのであって，侵襲の内容に応じて，承諾無能力者もまた，侵襲への許諾の判断に共働しうるのであり，その者の能力に応じて侵襲に関して自己の意思を実現させる権利はあるからである[30]。このような認識は当然のものであり，わが国でも確認されている[31]。

VI　承諾能力の定式化

上述のようにドイツにおいて承諾能力の重要性はつとに認識されつつも，その具体的な内容や有効性の基準については統一的なものはいまだ存在していない。Rothärmel の研究を紹介しつつ，現状と課題をみてみよう。

1．問題の所在

承諾能力の存否が治療行為にとってゲートキーパーとなることから，承諾能力を欠く者においては，最上位の基本権の１つである，自身の身体の統合性（完全性）についての自己決定権が——上述のように，本来は否定されるべきではないにもかかわらず——否定されることにもなりかねない。しかしながら，承諾能力に関する法律上の規定は存在していない。個人的法益としての自身の身体の統合性については，個々人が本人独自の基準によって決定する権限を認めるべきであり，患者が「不合理な」決定をする場合でさえ，身体に関する自

2013, S. 110ff.

[29]　Böse, Zwischen Selbstbestimmung und Fürsorge, 比較法雑誌 50 巻 1 号（2017年）71 頁．Böse（冨川雅満訳）「自己決定と配慮とのバランス」伊藤壽英編『法化社会におけるグローバル化と理論的実務的対応』（中央大学出版部，2017 年）227 頁。詳細は，拙稿・前掲（注 3）『長井古稀』233 頁，243 頁以下参照。

[30]　Amelung, Vetorechte beschränkt Einwilligungsfähiger in Grenzbereichen medizinischer Intervention, 2007, S. 24f.

[31]　髙山佳奈子「自己決定とその限界（下）」法学教室 285 号（2004 年）39 頁参照。

己決定権は保障されるとするのであれば，自己決定の能力の有無を判断する客観的・外部的な基準は存在しないことになる。とはいえ，医療実務においては治療は行われなければならないのであり，結局，定義づけの任務を引き受けるべきは裁判所ということになる。

2．民事判例における承諾能力の基準

上述のように，ドイツ民法では，1958 年，判例上，行為能力から承諾能力の『切り離し』が行われた[32]。「身体の統合性への侵襲を承諾するにあたっては，……法律行為の意思表示が問題となるのではなく，事実的行為を行うことについての許容または権限付与が，（したがって承諾能力が）問題とな」る。この「承諾能力」あるいは「判断能力」という概念につき，BGHZ 29,33 は，未成年者が承諾能力を有するのは，「その者の精神的および道徳的な成熟に照らして，侵襲の意義と射程を判断することができる」場合であると定義づけた。客観的な基準，例えば，その判断が医師によって支持され得るものかどうかといった基準は放棄され，児童・少年が自ら評価する能力だけが重視される。その後の判例も，この判例を踏襲し，「侵襲の本質，意義，射程と侵襲のリスク」を認識できたかという基準を用いている[33]。

もっとも，この定式には批判も少なくない。裁判所でこの定式が用いられるのは，それが内容空疎で，個別事例では詳細な理由づけをすることなく承諾能力を「事後に再検討しても確実なもの」として肯定する，ないし，医的侵襲の合法性を決定する余地を裁判官に与えているからである，というのである。端的に，Amelung[34] は，この定式は，裁判官が鑑定人を必要としないと思い込ん

---

32) BGHZ 29, 33 ff. 緊急適応のある甲状腺手術にみずから承諾したところ，承諾能力が問題となった事案で，裁判所は，「患者の精神的な性向および発達ならびに道徳的成熟に照らして，当該手術の重大性および手術から生じ得る結果を評価する能力があっ」たとした。親との連絡が取れなかったのであるから推定的承諾で正当化できるとする見解もあるようである。

33) Vgl. BGH NJW 1972, 335ff. わが国でも基本的には同様の定義が用いられている。

でしまうような，承諾能力についての「人を欺く心地よい響きをもった言い換え」である，としている。しかも，未成年の患者が医師の観点からして意味のある侵襲を拒否するのであれば，その者の承諾能力は疑問視されてしまうことになる。承諾能力を肯定し侵襲を受けさせるべきか否かに応じて，そこではまったく異なる基準が用いられている。そして，具体的事案で承諾能力を鑑定人が検査するかわりに，一定の年齢，例えば，17歳を下回る未成年者の承諾能力は総じて認められ得ないというように，一律に認定されることは珍しくない[35]。これまでの判例ではまさに——旧態依然として——年齢が重要な役割を果たしていた，とする見解も存するところである[36]。

3．刑事判例における承諾能力の基準

　このような状況は，刑事判例においてもまた同様であるといえよう[37]。そのようななかで，かつて RG は，16歳から17歳の未成年者は通常の事情のもとにおいては，自身の性的行為については承諾できるとしていた。戦後に承諾能力が問題となった判例として知られている1963年の BGHSt 19, 135（「ギーゼラ事件判決」）では，心中事件で生き残った被告人にドイツ刑法216条（要求に基づく殺人）の特権を付与することの是非が争われ，死亡した16歳の少女に自死することについて承諾する能力があるとすることから議論は出発しているが，そこでは承諾の内容については触れていない[38]。BayObLG NJW 1999, 372[39]で

34）　Amelung, Über die Einwilligungsfähigkeit (Teil I), ZStW 104, 1992, S. 537.

35）　BGH NJW 1972, 335.

36）　このような状況は，わが国の状況にもそのまま当てはまることはいうまでもないといえよう。永水裕子「未成年者の治療決定権と親の権利との関係」桃山法学15号（2010年）199頁以下参照。

37）　Rothärmel, a.a.O., (1), S. 78ff. ロートエルメル・前掲（注1）96頁以下〔髙良幸哉〕。

38）　本件では，被告人は所為支配があったということで216条で有罪とされた。Amelung, a.a.O. (Fn.34), S. 538 f. 類似の事案として BGH NStZ 1985, 25がある。この事件では，18歳の薬物供与者に対して過失殺を認めることを回避するために，15歳の者に対して「自己答責的な薬物乱用」であるとした。

172

は，「度胸試し」として仲間から暴行を受けることを 15 歳の少年が承諾したという事案について，「度胸試し」といったものがドイツ刑法 228 条（承諾に基づく傷害）にいう「善良の風俗」にあたるか否かが主たる争点とされ，承諾能力につき用いられた基準についての説明はほとんどない[40]。

4．妊娠中絶事案における承諾能力の基準

医師法，とりわけ妊娠中絶に関する判例ではどうか。ここでは，治療的侵襲の可否が問題となっているわけではなく，胎児の生命という第三者の利益が問題となるにもかかわらず，他の例におけると同様，治療的侵襲に関して用いられる，承諾能力についての上記の内容空虚な定式がそのまま適用されており，この基準によって裁判官は任意の結論を引き出せる，あるいは悩まされずに済ませることができる，などともいわれている。例えば，それは，判例では，「妊娠を中絶するのに必要な外科手術は……予見できない非常に重大な肉体的・精神的な後遺症をしばしばもたらすので，17 歳となる少女であっても，通例の場合，状況の判断については能力を超えているとみなされるであろう。このことは，妊娠当初は妊娠の継続を拒否していた者も後には妊娠を受け入れるようになることが少なくないことからも明らかである」[41]とされていることからもうかがい知ることができよう。

1997 年の OLG Hamm NJW 1998, 3424 は，未成年者は妊娠中絶に関しては基本的に承諾能力がないと判示しており，したがって，つねに親が堕胎に承諾するか否かの決定をしなければならないだろうとした[42]。しかも，同判決では，

39）　拙稿「被害者の承諾と保護義務論」法学新報 112 巻 1 = 2 号（2005 年）439 頁参照。

40）　改正前の刑法 226 条にいう「善良な風俗」に反するとされたが，それ以外の点については検討されていない。なお，本件ではむしろ，集団での圧力によって制御能力を否定すべきではなかったかとする見解も多いという。

41）　AG Celle NJW 1978, 2307, 2308. なお，この問題については，拙稿・前掲（注 3）『増田古稀』67 頁参照。

42）　未成年者の全面的な承諾無能力を，OLG Hamm は妊娠中絶についてだけでは

具体的事案に目を向けることなく，堕胎は「重大な肉体的後遺症を必然的に生じる」から子どもの福祉に反するものとされている。しかし，これによれば，子どもの決定の尊重に立ち，ドイツ民法 1666 条（監護権の濫用）の規定をもって，措置に反対している親にかわって承諾を裁判官が代替することは，通常は認められないことになる[43]。

このようなことから，裁判所は，自らどのような結論を望むかに応じて，妊娠中絶に関して未成年者の承諾能力を認めるについて——それは，たいていは否定されてしまうのだが——異なる基準を用いているといわれている。Amelung[44]も，裁判所はしばしば結論ありきの態度で，判決に現れていない実際の理由は隠されているとし，「その治療の本質と射程」などという曖昧な概念を意識的に使い続けている，という。

5. 承諾能力概念の定立化の必要性

Rothärmel によると，超高齢化社会を目前にして，一方では認知症の患者の増加が見込まれているなかで，承諾能力の概念が定まっていないのは今後の法政策上の大きな障害となるものであり，学説では種々の提案がなされているが，しかしながら，いまだ議論の収束をみるまでには至っていない[45]。また，治療行為の範囲における未成年の患者の承諾能力については草案（§1626a）に盛り込まれたが当該条項は削除された[46]。対象者が一律でないのに一般的な規

なく治療行為についても認めているとのことである。

43) 他方で，未成年の患者の承諾能力の問題は個別の事例を慎重に審査する必要があると指摘する判例や，少女が堕胎の意義や，実施した場合と実施しない場合にそれぞれ生ずる諸問題，およびその決定の重大さを認識し衡量したとする判例も一部にみられるという。

44) Amelung, a.a.O. (Fn.34), S. 533 ff.

45) Rothärmel, a.a.O. (Fn.1)，S. 85ff. ロートエルメル・前掲（注 1）106 頁以下〔髙良幸哉〕。

46) BT-Drucks. 7/2060；BR-Drucks. 59/89, S. 229. わが国の議論にとっても興味深いのは，草案では，「法律に特別の規定がないかぎり，14 歳以上の子どもは，治療の根拠と意味を理解しそれに従って自らの意思を決定することができるなら

定を置くことはできないというのがその理由である。いわゆる「生命倫理条約（Bioethikkonvention）」の起草者らも，承諾能力の規定の切迫した必要性は認識しつつも，運営委員会は初めから条約の条文からその定義を外していた。さらには，第5次刑法改正でも承諾能力の規定化が議論されたが，また，妊娠中絶の適応症の解決を意図し，未成年の患者の承諾権限を定めようとした改正刑法草案219条eも[47]，いずれも成立には至らなかった[48]。そして，1997年の第6次刑法改正における，治療的侵襲への承諾（有効な承諾）の規定化の最後の試み（刑法229条草案）も，可決されるには至らなかった[49]。また，2000年の第63回ドイツ法曹大会において，Taupitzが，終末期における自律性の保護についての議論のなかで承諾能力の法律上の定義の策定を求めたが，この要求は斥けられた。

　学説において意見が一致しているのは，治療の決定に際して未成年者が十分に手続に関与できない主たる原因は，承諾能力の内容になにを求めるかについての不明確さと，それと結びついた，医師が負担するリスクの不明確さにあるということである。

　承諾能力について争いのない点は，承諾能力は行為能力[50]とも責任能力の

　　ば，治療行為への承諾を自ら行うことができる：子どもの治療へ承諾する両親の権限も認められる」としていた。この点に関する近時の文献として，Gleixner-Eberle, Die Einwilligung in die medizinische Behandlung Minderjähriger, 2014, S. 243ff.

47)　Rothärmelの原文では「E229e」（87頁）とあるが，誤りである。草案では，人工妊娠中絶にあっては，妊婦に死の危険がある場合や承諾能力がないなど一定の場合以外は，自ら承諾ができるとしている。

48)　BT-Drucks. VI/3434.

49)　草案では，理性的な一般人が決定する際に重要となる，治療の種類，範囲，そして起こり得る結果が承諾者に説明された場合にのみ，有効であるとしている。

50)　Magnus, a.a.O. (Fn.1), S. 143ff., 159ff. 日本でも同様に解されている。町野朔『患者の自己決定権と法』（東京大学出版会，1986年）221頁など。この点を含めて，承諾能力の基準と有効要件については，拙稿・前掲（注3）『長井古稀』237頁，247頁参照。

概念とも区別されるということである。それぞれが異なる制度において機能し，異なる基準に服している。とはいえ，多数説によれば，承諾能力はその構造にしたがって，責任能力と同様に，弁識能力と制御能力とから構成されなければならないとされている[51]。

　この問題で最も注目される研究を行っている Amelung[52] は，必要とされる弁識能力，すなわち，自由に処理できるものとして法益を認識し主観的な価値体系の内部でその法益を評価する能力と，その衡量の結果に基づき行為する能力とを区別している。ドイツ刑法 20 条による責任無能力の定義に依拠して，Amelung はここで「制御能力」という言葉を用いている。制御能力が欠けることになり得るのは，成人においてはとりわけ弁識と決断の間を仲介することを阻害するような，病気に基づく欠陥がある場合，例えば，中毒症に罹患している場合[53] であるとされるが，一方，未成年者の場合，制御能力は病気というよりは，成長の度合いに条件づけられており，とりわけ「仲間集団」の圧力に抵抗する能力が欠けていることによって阻害され得る，とされている[54]。これらの考察に基づいて，Amelung は承諾能力の定式とその基準を示した。それによると，承諾能力に必要とされるのは，第 1 に，合理的に評価する能力である。この「合理的な評価」とは客観的な価値基準によって行う評価ではなく，もっぱら主観的な，価値体系上一貫して行われる評価である。第 2 に，事実と因果経過を認識する能力であり，第 3 に，弁識に従った自己決定能力，すなわち制御能力が必要であるとしている。そして，そのような考察の結果，Amelung は，次のように述べている。「承諾無能力者とは，未成年であること，または，精神障害もしくは精神病を理由に，その者にとって承諾することが関係している財産や利益がいかなる価値あるいはいかなる重要性を有するのか，承諾決定によっていかなる結果あるいはいかなるリスクが生じるのか，承諾に

---

51)　Amelung, a.a.O. (Fn.34), S. 543.

52)　Amelung, a.a.O. (Fn.34), S. 525ff.

53)　Vgl. BGH NJW 1988, 501, 502 ; NJW 1989, 2336 ; NStZ 1990, 384.

54)　Vgl. BayObLG NJW 1999, 372-373.

よって追求される目標を達成するためにより負担の軽いどのような手段があるのか，ということを理解できない者をいう。同様のことは，未成年者，精神障害者あるいは精神病者が，たしかに必要な弁識能力をもってはいるが，かかる弁識に従って決定することができない場合にも妥当するのである」，と。

　医学の文献におけるのと同様に，法学の文献においても，この Amelung の定義は広く受け入れられており，それほどの反論はないように思われる。しかし，実際のところは，多くの見解は判例の定式を用いている。それは，Amelung の定義が，内容上，運用可能な基準と承諾能力の判定について判例の用いる定式以上のことを述べていないからかもしれない。Amelung の定義において，「関係している法益および利益がいかなる価値あるいは重要性を有するのかということについて理解し得ない者は承諾無能力者である」ということにその核心があるとすれば，従来の判例の定義と大差はないことになる。なるほど，Amelung は，原則的に，承諾能力がないと主張する側に立証責任を課すという，承諾能力の消極的定義を選択している。しかしながら，承諾能力を認めることにつき，このことがどの程度まで実効性を有するかについては明らかではない。先の承諾無能力者の定義によると，精神病あるいは未成年であるということが，それ自体で承諾能力を否定する根拠となり得るという解釈をも許容することになりかねないのである[55]。

　そこで，近時の法学の議論においては，こぞって，Amelung による提唱を超えた承諾能力の臨床基準の一般的定義の具体化は，法学によってではなく行

55）　Deutsch, Medizinrecht, 7. Aufl, . 2014, Rdn. 413ff., 991ff. Deutsch は，治療の意義と射程とその危険を全体として見通すことができ不合理でもなく判断する者には承諾能力がある，あるいは，侵襲及び承諾の意義と射程を認識できなければならない，としている。また，Engisch は，承諾能力は「事例ごとに医師が吟味すべき，身体，職業および人生の幸福に対する医的侵襲の射程を判断できるだけの成熟度および能力」のことであるとしているが（Engisch, Die rechtliche Bedeutung der ärztlichen Operation, 1958, S. 14），この定式を採用する者も少なくない。Vgl. Laufs, in : Laufs/Katzanmeier/Lipp (Hrsg.), Arztrecht, 5. Aufl., 1993, S. 113.

動科学によって成し遂げられるべきであろうとしているように思われる，と
Rothärmel はまとめている[56]。

VII おわりに

Rothärmel は，未成年の患者の承諾についての私論を展開する前提として，
いくつかの点を確認している。すなわち，自己決定権と人格権を区別し，未成
年の患者の権利については，人格権の内容を明らかにしたうえで，より厚い保
護を可能とするために人格権との関係で論じられるべきこと，ドイツでは傷害
法理からインフォームド・コンセント法理が発展してきたこと，また，承諾能
力は行為能力とも責任能力とも区別されるもので，前者は事実的な行為に対す
る承諾ないし権限付与であること，承諾能力の存否の判断は医師がすべきであ
ること，などである。また，ドイツの判例で用いられる承諾能力を認める定式
ならびに学説の有力説である制御能力を重視する Amelung の定式についての
批判的検討や立証責任の転換などの主張も，承諾能力を考える上で興味深いも
のである。さらに，承諾の有効性と刑法的制裁の（実例を踏まえた）可能性や，
承諾に際して求められる説明の範囲・基準と仮定的因果性の判断の構造（「真
摯な葛藤」定式）も，わが国でこの問題を検討するに際して有意義であると思
われる。加えて，未成年の患者の承諾論において，自己決定権の限界を示そう
とした点にも意義があるであろう。上述の，承諾能力の定義などは，2012 年
の「患者の権利の改善のための草案」における立法者の表現に結実している。
すなわち，「事前の説明を理解し，治療を受け入れた場合とそのリスクを衡量
し，最後に自己答責的に決定するためには，患者の弁識能力と判断能力とが存
在することで十分である。治療行為を行う者は，患者は自然的な弁識能力と制
御能力を有し，医療措置の性質，意義，射程そしてリスクを理解し，それにし
たがって自らの意思を決することができるということを確信していなければな

---

56) Rothärmel, a.a.O. (Fn.1), S. 90. ロートエルメル・前掲（注 1 ）113 頁以下〔髙
良幸哉〕。

178

らない。承諾無能力は，法律効果の発生を阻害する抗弁である。承諾無能力を主張する者は，自らそれを証明しなければならない」，との言明においてである[57]。

ところで，ドイツで画期的な判断と賞賛された1908年の判例における行為能力と承諾能力との区別は，医師においてはなおも受け入れられてはいない。それはなぜか。

承諾能力に関する規定がないことは，刑法上責任を問われ得る医師の負担と，また，自身の自己決定権を行使する能力がないものとして扱われる児童や少年の負担ともなるものである。親と子どもの意見が分かれ，医師が承諾能力につき決定を行った，その後に，弁識能力と成熟度に関するその判断が誤りであったと裁判の場で明らかになることもあり得る。そのため，ドイツでは，医師が親の意思に反して行動した場合の訴訟のリスクを回避するべく，子どもが18歳に至るまでは「用心のために」むしろ親の承諾が子どもの承諾に優先されることになると識者は指摘している。この間の事情については，わが国との間にあっても径庭はないであろう[58]。そして，ドイツではこれを肯定的に受け入れる考え方も少なくない[59]。以上のことは，医的侵襲を承諾する能力を未成年者に与えることについて医師も裁判所も慎重であるということを見事に説明する。そのため，「医師が自ら望む決定を子どもがなす場合にかぎり，子どもは法的権限をもっているのだ」とまで評されることもある[60]。ドイツでは，承諾能力の定義について，個別具体的に決しようとする見解があるものの，上述のような理由から，18歳など，一定の年齢に結びつけて定義づけしようとする見解がいまだ有力である。いずれにせよ，わが国でも，承諾無能力者について親権者の代諾権があるわけではないなか，あくまでその自己決定が尊重され

---

57) Vgl. Katzenmeier, a.a.O., (Fn.12), Rdn. 51.

58) 樋口範雄『親子と法 日米比較の試み』（弘文堂，1988年）156頁など。

59) Laufs, a.a.O. (Fn.55) , Rdn. 222.

60) 他方で，他者に有用な治験にあっては，公共ないし多数派の利益になる場合は常に要求される承諾能力は低くなるという恣意性が指摘されている。

るべきで，代諾は本人の自己決定を支援するものという推定的承諾の法理で問題を解決すべきとの認識のもとで[61]，承諾能力について，一定のコンセンサス作りが必要な時期に来ているのではなかろうか。

　今回触れることができなかったが，Rothärmel の主張の特色の１つに，拒否権という概念の放棄がある[62]。今日では，ドイツでは，承諾能力とは区別された拒否権という概念が医事法の領域で用いられることが一般であるが，Rothärmel の主張するところの根拠の１つとなっているのは，14 歳以上の未成年者は，すでに死後の臓器提供に対する反対を表明することができるが，16 歳に達してはじめてこのような行為への承諾を表明することができるということである。また，他方で，早い段階で承諾能力を肯定するということは，生命に関する適用のある侵襲を拒否する権利をも認めることになるのか。わが国ではこの概念についてどのように評価されるべきであろうか。

　さらに，自律性は——これはよく誤解されるところであるが——自主独立（Autarkie）を意味するのではないとされ，自律は，患者が助言を与える医師との相互交流のなかで決定することに，その表現をみるとされていることも重要であろう。この考え方は，Duttge のいう「自律に関する誤解」と同様のものであり[63]，自己決定を考える際に留意すべきところである。未成年の患者の承諾の問題は自覚的に論ずべき問題であり，その認識を共有すべきである。

---

61)　拙稿・前掲（注３）『増田古稀』74 頁参照。
62)　拙稿・前掲（注３）『長井古稀』235 頁，245 頁参照。
63)　拙稿・前掲（注３）『増田古稀』63 頁参照。

初 出 一 覧

第 2 章

井田良・川出敏裕・高橋則夫・只木誠・山口厚編『椎橋隆幸先生古稀記念　新時代の刑事法学［下巻］』信山社（2016 年）

第 3 章

井田良・井上宜裕・白取祐司・高田昭正・松宮孝明・山口厚編『浅田和茂先生古稀祝賀論文集［上巻］』成文堂（2016 年）

第 4 章

伊藤壽英編『法化社会のグローバル化と理論的実務的対応』中央大学出版部《中央大学学術シンポジウム研究叢書 11》（2017 年）

第 5 章

伊東研祐・小島秀夫・中空壽雅・松原芳博編『増田豊先生古稀祝賀論文集　市民的自由のための市民的熟議と刑事法』勁草書房（2018 年）

第 6 章

高橋則夫・只木誠・田中利幸・寺崎嘉博編『長井圓先生古稀記念　刑事法学の未来』信山社（2017 年）

第 7 章

高橋則夫・山口厚・井田良・川出敏裕・岡田好史編『日高義博先生古稀祝賀論文集［上巻］』成文堂（2018 年）

只 木 誠（ただき・まこと）

1956 年生まれ
1981 年中央大学法学部卒業
中央大学法学部教授，日本比較法研究所所員

〈主要著書・論文〉
『罪数論の研究［補訂版］』（成文堂，2009 年）
『刑事法学における現代的課題』（中央大学出版部，2009 年）
「建造物侵入罪における『侵入』概念について」共編『川端博先生古稀記念論文集
［下巻］』（成文堂，2014 年）
「放火罪についての再論」共編『斎藤信治先生古稀記念論文集』法学新報 121 巻 11
＝ 12 号（2015 年）
「臨死介助・治療中止・自殺幇助と『自己決定』をめぐる近時の理論状況」共編
『椎橋隆幸先生古稀記念論文集［下巻］』（信山社，2016 年）
"Faktische Gesetzgebung durch "freie" richterliche Auslegung von Strafgesetzen in
Japan" in: *Gunnar Duttge/Makoto Tadaki (Hrsg.), Aktuelle Entwicklungslinien des
japanischen Strafrechts im 21. Jahrhundert*, Mohr Siebeck, 2017
「狭義の『暴行』概念について」今井猛嘉・佐伯仁志・橋爪隆・山口厚編『西田典
之先生献呈論文集』（有斐閣，2017 年）
「医療行為に関する，とりわけ高齢患者の承諾能力」共編『長井圓先生古稀記念論
文集』（信山社，2017 年）
「臨死介助（自殺援助）団体とわが国の対応—自殺ツーリズムをめぐって—」共編
『終末期医療，安楽死・尊厳死に関する総合的研究』（中央大学出版部，2021 年）
"Der Umgang mit Sterbehilfeorganisationen in Japan" in: *Gunnar Duttge/Melanie
Steuer/Makoto Tadaki (Hrsg.), Menschenwürde und Selbstbestimmung in der
medizinischen Versorgung am Lebensende*, Mohr Siebeck, 2022
「『二重評価』について」佐伯仁志・大澤裕・高山佳奈子・橋爪隆編『山口厚先生古
稀祝賀論文集』（有斐閣，2023 年）
「ドイツにおける自殺援助規制の現状」共編『甲斐克則先生古稀祝賀論文集［下巻］』
（成文堂，2024 年）

臨死介助および承諾についての比較法的考察

日本比較法研究所研究叢書（135）

2025 年 3 月 31 日　初版第 1 刷発行

著　者　只　木　　誠

発行者　松　本　雄　一　郎

発行所　中　央　大　学　出　版　部

〒 192-0393
東 京 都 八 王 子 市 東 中 野 742-1
電 話 042（674）2351・FAX 042（674）2354

© 2025　只木誠　　　ISBN978-4-8057-0835-4　　　㈱ TOP 印刷

本書の無断複写は，著作権法上での例外を除き，禁じられています。
複写される場合は，その都度，当発行所の許諾を得てください。

日本比較法研究所研究叢書

1	小島武司 著	法律扶助・弁護士保険の比較法的研究	A5判 3080円
2	藤本哲也 著	CRIME AND DELINQUENCY AMONG THE JAPANESE-AMERICANS	菊判 1760円
3	塚本重頼 著	アメリカ刑事法研究	A5判 3080円
4	小島武司／外間寛 編	オムブズマン制度の比較研究	A5判 3850円
5	田村五郎 著	非嫡出子に対する親権の研究	A5判 3520円
6	小島武司 編	各国法律扶助制度の比較研究	A5判 4950円
7	小島武司 著	仲裁・苦情処理の比較法的研究	A5判 4180円
8	塚本重頼 著	英米民事法の研究	A5判 5280円
9	桑田三郎 著	国際私法の諸相	A5判 5940円
10	山内惟介 編	Beiträge zum japanischen und ausländischen Bank- und Finanzrecht	菊判 3960円
11	木内宜彦／M・ルッター 編著	日独会社法の展開	A5判 (品切)
12	山内惟介 著	海事国際私法の研究	A5判 3080円
13	渥美東洋 編	米国刑事判例の動向 I	A5判 (品切)
14	小島武司 編著	調停と法	A5判 (品切)
15	塚本重頼 著	裁判制度の国際比較	A5判 (品切)
16	渥美東洋 編	米国刑事判例の動向 II	A5判 5280円
17	日本比較法研究所 編	比較法の方法と今日的課題	A5判 3300円
18	小島武司 編	Perspectives on Civil Justice and ADR : Japan and the U. S. A.	菊判 5500円
19	小島／渥美／清水／外間 編	フランスの裁判法制	A5判 (品切)
20	小杉末吉 著	ロシア革命と良心の自由	A5判 5390円
21	小島／渥美／清水／外間 編	アメリカの大司法システム(上)	A5判 3190円
22	小島／渥美／清水／外間 編	Système juridique français	菊判 4400円

日本比較法研究所研究叢書

23	小島・渥美 清水・外間 編	アメリカの大司法システム(下)	Ａ５判 1980円
24	小島武司・韓相範編	韓 国 法 の 現 在 (上)	Ａ５判 4840円
25	小島・渥美・川添 清水・外間 編	ヨーロッパ裁判制度の源流	Ａ５判 2860円
26	塚 本 重 頼 著	労使関係法制の比較法的研究	Ａ５判 2420円
27	小島武司・韓相範編	韓 国 法 の 現 在 (下)	Ａ５判 5500円
28	渥 美 東 洋 編	米 国 刑 事 判 例 の 動 向 Ⅲ	Ａ５判 (品切)
29	藤 本 哲 也 著	Crime Problems in Japan	菊 判 (品切)
30	小島・渥美 清水・外間 編	The Grand Design of America's Justice System	菊 判 4950円
31	川 村 泰 啓 著	個 人 史 と し て の 民 法 学	Ａ５判 5280円
32	白 羽 祐 三 著	民法起草者 穂 積 陳 重 論	Ａ５判 3630円
33	日本比較法研究所編	国際社会における法の普遍性と固有性	Ａ５判 3520円
34	丸 山 秀 平 編著	ド イ ツ 企 業 法 判 例 の 展 開	Ａ５判 3080円
35	白 羽 祐 三 著	プ ロ パ テ ィ と 現 代 的 契 約 自 由	Ａ５判 14300円
36	藤 本 哲 也 著	諸 外 国 の 刑 事 政 策	Ａ５判 4400円
37	小 島 武 司 他 編	Europe's Judicial Systems	菊 判 (品切)
38	伊 従 寛 著	独 占 禁 止 政 策 と 独 占 禁 止 法	Ａ５判 9900円
39	白 羽 祐 三 著	「 日 本 法 理 研 究 会 」 の 分 析	Ａ５判 6270円
40	伊従・山内・ヘイリー編	競争法の国際的調整と貿易問題	Ａ５判 3080円
41	渥 美 ・ 小 島 編	日 韓 に お け る 立 法 の 新 展 開	Ａ５判 4730円
42	渥 美 東 洋 編	組 織 ・ 企 業 犯 罪 を 考 え る	Ａ５判 4180円
43	丸 山 秀 平 編著	続ドイツ企業法判例の展開	Ａ５判 2530円
44	住 吉 博 著	学生はいかにして法律家となるか	Ａ５判 4620円

日本比較法研究所研究叢書

45	藤本哲也 著	刑事政策の諸問題	Ａ５判 4840円
46	小島武司 編著	訴訟法における法族の再検討	Ａ５判 7810円
47	桑田三郎 著	工業所有権法における国際的消耗論	Ａ５判 6270円
48	多喜 寛 著	国際私法の基本的課題	Ａ５判 5720円
49	多喜 寛 著	国際仲裁と国際取引法	Ａ５判 7040円
50	眞田・松村 編著	イスラーム身分関係法	Ａ５判 8250円
51	川添・小島 編	ドイツ法・ヨーロッパ法の展開と判例	Ａ５判 2090円
52	西海・山野目 編	今日の家族をめぐる日仏の法的諸問題	Ａ５判 2420円
53	加美和照 著	会社取締役法制度研究	Ａ５判 7700円
54	植野妙実子 編著	21世紀の女性政策	Ａ５判 (品切)
55	山内惟介 著	国際公序法の研究	Ａ５判 4510円
56	山内惟介 著	国際私法・国際経済法論集	Ａ５判 5940円
57	大内・西海 編	国連の紛争予防・解決機能	Ａ５判 7700円
58	白羽祐三 著	日清・日露戦争と法律学	Ａ５判 4400円
59	伊従・山内 ヘイリー・ネルソン 編	APEC諸国における競争政策と経済発展	Ａ５判 4400円
60	工藤達朗 編	ドイツの憲法裁判	Ａ５判 (品切)
61	白羽祐三 著	刑法学者牧野英一の民法論	Ａ５判 2310円
62	小島武司 編	ＡＤＲの実際と理論Ⅰ	Ａ５判 (品切)
63	大内・西海 編	United Nation's Contributions to the Prevention and Settlement of Conflicts	菊判 4950円
64	山内惟介 著	国際会社法研究 第一巻	Ａ５判 5280円
65	小島武司 著	CIVIL PROCEDURE and ADR in JAPAN	菊判 (品切)
66	小堀憲助 著	「知的(発達)障害者」福祉思想とその潮流	Ａ５判 3190円

日本比較法研究所研究叢書

67	藤本哲也編著	諸外国の修復的司法	A5判 6600円
68	小島武司編	ＡＤＲの実際と理論Ⅱ	A5判 5720円
69	吉田豊著	手付の研究	A5判 8250円
70	渥美東洋編著	日韓比較刑事法シンポジウム	A5判 3960円
71	藤本哲也著	犯罪学研究	A5判 4620円
72	多喜寛著	国家契約の法理論	A5判 3740円
73	石川・エーラース グロスフェルト・山内 編著	共演 ドイツ法と日本法	A5判 7150円
74	小島武司編著	日本法制の改革：立法と実務の最前線	A5判 11000円
75	藤本哲也著	性犯罪研究	A5判 3850円
76	奥田安弘著	国際私法と隣接法分野の研究	A5判 8360円
77	只木誠著	刑事法学における現代的課題	A5判 2970円
78	藤本哲也著	刑事政策研究	A5判 4840円
79	山内惟介著	比較法研究 第一巻	A5判 4400円
80	多喜寛編著	国際私法・国際取引法の諸問題	A5判 2420円
81	日本比較法研究所編	Future of Comparative Study in Law	菊判 12320円
82	植野妙実子編著	フランス憲法と統治構造	A5判 4400円
83	山内惟介著	Japanisches Recht im Vergleich	菊判 7370円
84	渥美東洋編	米国刑事判例の動向Ⅳ	A5判 9900円
85	多喜寛著	慣習法と法的確信	A5判 3080円
86	長尾一紘著	基本権解釈と利益衡量の法理	A5判 2750円
87	植野妙実子編著	法・制度・権利の今日的変容	A5判 6490円
88	畑尻剛 工藤達朗 編	ドイツの憲法裁判 第二版	A5判 8800円

日本比較法研究所研究叢書

89	大村雅彦 著	比較民事司法研究	A5判 4180円
90	中野目善則 編	国際刑事法	A5判 7370円
91	藤本哲也 著	犯罪学・刑事政策の新しい動向	A5判 5060円
92	山内惟介 ヴェルナー・F・エブケ 編著	国際関係私法の挑戦	A5判 6050円
93	森 勇 米津孝司 編	ドイツ弁護士法と労働法の現在	A5判 3630円
94	多喜寛 著	国家（政府）承認と国際法	A5判 3630円
95	長尾一紘 著	外国人の選挙権 ドイツの経験・日本の課題	A5判 2530円
96	只木誠 ハラルド・バウム 編	債権法改正に関する比較法的検討	A5判 6050円
97	鈴木博人 著	親子福祉法の比較法的研究Ⅰ	A5判 4950円
98	橋本基弘 著	表現の自由 理論と解釈	A5判 4730円
99	植野妙実子 著	フランスにおける憲法裁判	A5判 4950円
100	椎橋隆幸 編著	日韓の刑事司法上の重要課題	A5判 3520円
101	中野目善則 著	二重危険の法理	A5判 4620円
102	森 勇 編著	リーガルマーケットの展開と弁護士の職業像	A5判 7370円
103	丸山秀平 著	ドイツ有限責任事業会社（UG）	A5判 2750円
104	椎橋隆幸 編	米国刑事判例の動向Ⅴ	A5判 7590円
105	山内惟介 著	比較法研究 第二巻	A5判 8800円
106	多喜寛 著	STATE RECOGNITION AND *OPINIO JURIS* IN CUSTOMARY INTERNATIONAL LAW	菊判 2970円
107	西海真樹 著	現代国際法論集	A5判 7480円
108	椎橋隆幸 編著	裁判員裁判に関する日独比較法の検討	A5判 3190円
109	牛嶋仁 編著	日米欧金融規制監督の発展と調和	A5判 5170円
110	森光 著	ローマの法学と居住の保護	A5判 7370円

日本比較法研究所研究叢書

111	山内惟介 著	比 較 法 研 究 第三巻	A5判 4730円
112	北村泰三 西海真樹 編著	文 化 多 様 性 と 国 際 法	A5判 5390円
113	津野義堂 編著	オ ン ト ロ ジ ー 法 学	A5判 5940円
114	椎橋隆幸 編	米 国 刑 事 判 例 の 動 向 VI	A5判 8250円
115	森 勇 編著	弁 護 士 の 基 本 的 義 務	A5判 6930円
116	大村雅彦 編著	司 法 アクセスの普遍化の動向	A5判 6710円
117	小杉末吉 著	ロシア-タタルスターン権限区分条約論	A5判 5610円
118	椎橋隆幸 著	刑事手続における犯罪被害者の法的地位	A5判 4950円
119	椎橋隆幸 編	米 国 刑 事 判 例 の 動 向 VII	A5判 7920円
120	70周年記念叢書編集委員会編	グローバリゼーションを超えて	A5判 6600円
121	鈴木彰雄 著	刑 法 論 集	A5判 3960円
122	畑尻剛 著	ペーター・ヘーベルレの憲法論	A5判 2530円
123	只木誠 グンナー・デュトゲ 編	終末期医療、安楽死・尊厳死に関する総合的研究	A5判 6930円
124	植野妙実子 著	男 女 平 等 原 則 の 普 遍 性	A5判 7590円
125	山内惟介 著	国 際 会 社 法 研 究 第二巻	A5判 6490円
126	堤和通 編著	米 国 刑 事 判 例 の 動 向 VIII	A5判 8140円
127	畑尻剛 著	Inzidente und konzentrierte Verfassungsgerichtsbarkeit	菊判 1980円
128	奥田安弘 著	国際私法と隣接法分野の研究・続編	A5判 4950円
129	山内惟介 著	憲 法 と 国 際 私 法	A5判 10450円
130	丸山秀平 著	続・ドイツ有限責任事業会社(UG)	A5判 3850円
131	早田幸政 著	グローバル時代における高等教育質保証の規範構造とその展開	A5判 7480円
132	山内惟介 著	気 候 危 機 と ド イ ツ 国 際 私 法	A5判 7040円

日本比較法研究所研究叢書

| 133 | 鈴木博人 著 | 親子福祉法の比較法的研究Ⅱ | A5判 1870円 |
| 134 | マーク・デルナウア 奥田安弘 編著 | 欧米諸国から見た日本法 | A5判 3850円 |

＊表示価格は税込みです。